8人制サッカーの教科書

Universal Soccer Teaching Technique

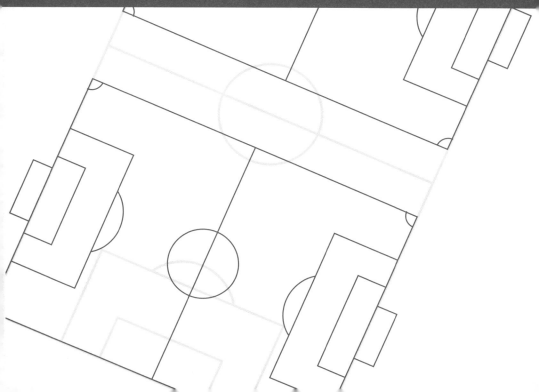

はじめに

　Jリーグが開幕して25年以上が経ち、日本が初出場を遂げた1998年のフランスW杯から20年以上の月日が流れています。その間に日本サッカーは大きく発展を遂げ、W杯には6大会連続で出場し、多くの選手が欧州のプロリーグに挑戦するようにもなりました。

　また、日本サッカー協会（以下、JFA）は、W杯への出場がままならなかった時代から、世界をスタンダードとした取り組みを進めてきました。

　そのポリシーとして「三位一体＋普及」という考えを大切にしています。

　サッカーは世界的なスポーツであり、大人になってフル代表チームだけを強化したくらいでは、決して世界を相手に勝つことはできません。

　そのためには、大人になってからではなく、長期的視野に立って育成年代から多くの選手を育てるだけでなく、しっかりと指導できる指導者がたくさん育たなければなりません。

　さらに、多くの人たちがサッカーを楽しみ、直接的に、間接的にふれあい、支える。そうしたベースができてはじめて、その国のサッカーは真の発展を遂げることができると考えています。

　豊かな普及（グラスルーツ）のベースなくして強い代表チームはありえません。その考えの一環として、JFAは2011年（第35回大会）より、U-12年代の全国大会であるJFA全日本U-12サッカー選手権大会を11人制サッカーから、8人制サッカーに変更しました。日本サッカー界には、多くの指導者ライセンスを保有されている指導者がいらっしゃいますが、最も多いのが、この4種年代（12歳未満の選手で構成されるチーム）の指導者です。つまり、多くの日本人指導者は、11人制ではなく8人制のサッカーの指導をしているというのが現状だといえます。

　少しだけ自身の話をさせていただくと、私は大学までサッカーをプレーしたのち、そのまま母校である筑波大学蹴球部のコーチを長く務めました。その傍ら、地域の小中学生の指導を行い、その後は中学生のクラブチームで指導しました。

　現在はそのチームを離れ、大学の教員を目指して、サッカーの研究を行いなが

ら、地域の子どもたちの指導や、47FA インストラクターの指導普及委員として、指導者の養成にも携わらせていただいています。

　運の良いことに、私は指導者人生において、様々なカテゴリーの選手・指導者、そしてサッカーに関わっている職業の方や保護者の方々と関わる機会を持たせていただくことができています。また、遠征や学会などにおいては、海外のサッカー文化にふれる機会にも恵まれています。欧州では、スペインやイングランド、クロアチアなど、サッカーのスタイルや考え方がそれぞれ違っていました。アジアやオセアニアなどの、日本にとって W 杯出場を争うライバルとなる国々を訪れた際は、サッカー環境や強化策にふれることができました。そのすべてが、自分のサッカー観の礎になっていると感じます。

　このように多くの人と関わったり、多くの文化に触れたりできたことは、とてもありがたいことです。それが実際に自分の指導にも役立っていると日々感じております。

　しかし、サッカーのルールや戦術などが進化することで、変化や誕生していくものはありますし、変化しない本質もあります。私自身もまだまだ学ばないといけない部分はたくさんあります。

　これまで関わった皆さんに共通しているのは、皆さん情熱的で「選手のために学びたい」「自分もうまくなるために吸収したい」という意欲に溢れていることです。そんな中で出てくる共通の悩みとして、この 8 人制と 11 人制というサッカーのゆがみのようなものでした。

　この度、一般社団法人日本ミニフットボール協会よりお話をいただき、私個人としても、8 人制の特性や、サッカーの本質などをうまく整理するためにこのような書籍（資料）があると、整理されやすいのではないかと考えたのが発端です。この本が、そんな指導者の方々の一助になれば幸いです。

内藤清志

8人制サッカーの教科書

第3章 ゲームを分析する —鳥の眼—

第4章 プレーを分析する —虫の眼—

第5章 トレーニングを計画する

第 1 章

サッカーとは
どんなスポーツなのか

1-1　8人制と11人制で共通する要素

サッカーはサッカーをすることで上達する

まず最初に、8人制のサッカーと11人制のサッカー、どういったことが共通していて、どういったことが異なるのでしょうか。私個人の見解としては、『8人制も11人制もサッカーである』という思いが強く、サッカーで得ることのできる、

「相手との駆け引き」
「味方との意思の疎通」

などは共通して会得できると考えています。

後に記述しますが、人数の少ないミニゲームのことをスモールサイドゲーム（以下：SSGs）と呼びますが、8人制も11人制につなげるためのSSGsの一種であると考えています。つまり、サッカーとしての本質は共通しているといえるでしょう。よって、指導者はしっかりとサッカーの要素を含むトレーニングや戦術的・技術的な思考を養っていくことが大切であると考えます。

日本サッカー協会（以下：JFA）は、サッカーの試合の構成要素として「ピッチ・ゴール・ボール・相手・味方・ルール」というものを挙げています。そこにサッカーやスポーツの競技特性として、勝敗や競争、判断力。さらには自由や連続性、チームプレー

があると述べており、サッカーのゲームはこれら全てを含んでいるから選手たちも楽しく、「ゲームが最良のコーチ」といわれています。

トレーニングメニューを考えるとき、練習の目的（キーファクター）にこだわりすぎて、実際にトレーニングをおこなってみると、ゲームの状況とかけ離れていたり、選手たちが楽しめなかったりということも見受けられます。そんな時は、すぐにトレーニングを終了し、ゲームに切り替えてもいいでしょう。

「サッカーはサッカーをすることで上達する」といわれているように、我々指導者もサッカー観を絶えず磨いて、アップデートしていく必要があるといえます。

サッカーというスポーツを読み解くキーワード"3つの数字"

そういった中で、この8人制・11人制に共通する要素として、前述したものに加えて「集団のまとまりをシステムと呼び、特に3つの数字（GKを除くDF－MF－FWの順に示す）で表現する」ということを伝えたいと思います。

11人制でいうと「4－4－2」であったり、「4－3－3」や「3－5－2」。

8人制であれば「2－3－2」や「3－3－1」といった具合でしょうか。もちろん、

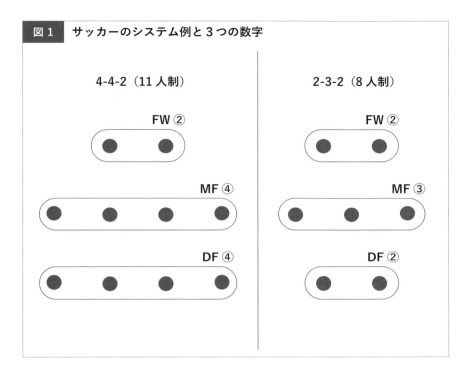

図1 サッカーのシステム例と３つの数字

4-4-2（11人制）

FW ②

MF ④

DF ④

2-3-2（8人制）

FW ②

MF ③

DF ②

システムありきでサッカーを考えろということではありません。

　サッカーはピッチ上で、選手個人の判断でどこにでも位置取ることが可能です。しかしシステムにこだわりすぎてどこか不自由そうにプレーする選手たちを、今まで何度も見てきました。自由なはずのサッカーが、システムによって不自由になるのでは、本末転倒です。あくまで８人制でも、11人制でも共通してシステムを３つの数字で表すことが多いという点です。

　システムについては次章でじっくりと整理していきたいと思いますが、近年、「ポジショナルプレー」と呼ばれるように、サッカーにおいてポジション＝位置取りを重視する考え方が多くなっています。しかし、ピッチ上に印（立ち位置）はありません。

そういった時に、自分は自分たちの集団のどこの選手（どこでプレーする機会が多い選手）で、相手のどこの選手とマッチアップする機会が多いのか、休憩できそうなポイントはどこなのかというような「ピッチ上の地図」をイメージできるようにするためには、このシステムからくる３つの数字はとても考え方を整理しやすく、８人制にも11人制にも共通して考えられる要素であるといえます。

11

1-2　8人制と11人制で異なる要素

異なる4つの要素

　指導者の方々が口にされる「8人制サッカーと11人制サッカーが異なるもの」に感じてしまうというのは、どういった部分なのでしょうか。

　今度は、8人制と11人制で異なる要素を考えてみましょう。

　日本のU－12年代の8人制サッカーとU-12以降の11人制を比較すると、まず、ゴールのサイズとコートのサイズの違いが挙げられます。ゴールのサイズ（幅×高さ）は、中学生から11人制になりその大きさはが7.32 m×2.44 m。小学生の8人制は少年用ゴールと呼ばれる5 m×2.15 mを使用します。

　またボールのサイズは、ご存知の通り中学生から導入される11人制で5号球。小学生の8人制では4号球と少し小さくなります。

　そして当然、人数が違います。

人数の概念

　この人数も全体の「11」と「8」という数字だけでなく、先ほど述べたシステムに表す3つの数の大きさに注目してみてください。

　例えば「3－5－2」の"5"と、「2－3－2」の"3"という配列において、真ん中にある数字（MF）を比較してみます。後述しますが、私は主にシステム表記というのは、チームの特徴を表す攻守における1つの指標になると考えています。

　サッカーを陣取りゲームとして考えるのなら、守備の目的の1つには、「相手の前進を妨げる」ことがあります。そこでシステムに合わせて、ピッチに3つのライン（スリーライン）を引いて考えると、5人でサッカーコートの横幅を担当するのか、3人で横幅を担当するのか。ピッチサイズの違いはあるにせよ、大きな違いがあります。

　当然3人の方が難易度は高く、人と人との間の網の目が大きくなってしまうのは明らかです。ピッチにボールは1つしかないので、ボールの位置やボール保持者の状況を見て、どこの間を狭くしないといけないかは変わってきますが、11人制のサッカーでは、1つのラインが5人になると、アウトサイドでプレーする選手は、守備時にそこまで隣の選手との幅（距離）を意識する必要はありません。もちろんピッチ自体の横幅も8人制と11人制では違うので一概にはいえませんが、隣の選手との距離間の意識は、

「8人制の方が11人制よりも注意力や気づきが必要」

図2　8人制と11人制で異なる要素

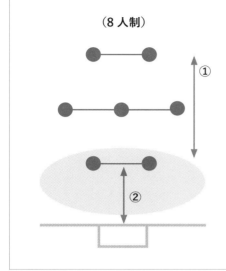

（8人制）

①最終ラインから前線までの距離
②最終ラインから自陣ゴールまでの距離

・3ラインの①の距離は11人制とそこまで
　大きく変わらない

・11人制は②が広いため、②の位置に
　ボールを運ぶ

・8人制は②が狭いため、①の途中からで
　十分シュートレンジとなる

・よって11人制とは「崩す」という概念
　が違う

になってくるのではないかと考えられます。

　もちろん、守備の動き方をパターンとして教えるのは簡単ですが、パターンではなく選手それぞれが、ボールの位置や状況を踏まえ、「目的」から考えられるようになれば、動き方として8人制でも11人制でも共通です。

　「横のスライド」だけでなく、「縦のズレ」や「カバーのために少し深みを取る」といった応用にも繋がってくるでしょう。

ピッチサイズの違いからくる相違

　また8人制と11人制の違いは、「ピッチサイズが違う」点です。

　横幅、縦幅共に異なります。11人制ではピッチサイズは68m×105mで行われ、

一方8人制ではそのハーフコート（11人制の約半分のサイズ）で行われます。（JFA推奨サイズ：50m×68m）

　そうなると、8人制では、最終ラインから前線までの距離よりも、最終ラインから自陣ゴールまでの距離がほうが短い場合が多く見受けられます。

　これによりどういうことが考えられるかというと、システムの位置関係で考えた場合、中盤で攻め上がろうとしたとき、11人制のピッチサイズの場合は、

「相手の最終ラインの背後をどう取るか」

　考えることが多い位置でも、8人制のピッチサイズの場合は、

「その位置がすでにシュートレンジである」

　という点が異なります。

　もしかすると、8人制では、指導者の方が想像しているような「崩す」ということ

	エリアの密度	中盤で一人あたりの幅
	幅×(DFからFWの距離)÷フィールドの人数	横幅÷中盤の人数
11人制	68m × 40m ÷ 20人 = 136	68m ÷ 5人 = 13.6
8人制	50m × 40m ÷ 14人 = 142.8	50m ÷ 3人 = 16.6
	約7㎡の差	3m差

をしなくてもシュートが打ててしまう。逆をいうと、守備側は「崩された意識」がないまま、シュートを打たれて失点してしまうといったことが起こり得るという具合です。

また、前述したように、最終ラインから前線までの距離は8人制と11人制を比較しても、それほど大きな差はありません。それはなぜなら、ピッチのサイズが半分であるのに対して、プレーヤーの人数は3人しか違わないからです。よってピッチ上のプレーエリアの比率の差はあまりないようです。

その代わり、最終ラインを突破してからゴールまでの距離が11人制のほうが長いことが多いので、ボールを「運ぶ」技術の必要性が露骨に現れます。

日本の子どもたちは、ボール操作や身体操作には優れており、密集の中でボールを「動かす」スキルは世界のどこで見ても本当に秀でていると言われています。しかし、日本の子どもたちは、このボールを「運ぶ」技術が低いため、最終ラインを突破してチャンスと思っても、うまく運べず、相手に追いつかれてゴールまでいけないことがよくあります。話は逸れますが、ここは日本の課題の1つでもあります。

ちなみに日本では、ルールの面では8人制も11人制も大きく変わりません。しかし、スペインのSSGs（スペインは7人制が多い）の場合、「相手のペナルティーエリアまでオフサイドがない」というルールを多くの地域で採用しています。そうなれば、CF（センターフォワード）が相手CB（センターバック）の背後で待ち伏せすることができます。それにより、うかつに全体をコンパクトにしてプレーできないという面も出てきますが、これはこれで自然とサッカーに幅と深さが生まれるでしょう。

このように、環境やルールの整備、指導者の認識で、選手の伸びてくる要素も変わってきます。

だから、全国大会でもピッチサイズや人数が決まっているだけで、サッカーの目的や原理原則を踏まえて、目の前の選手の段階に配慮しながらゲームのルールを設定していく認識が重要です。その最終地点が11人制の68m × 105mのサッカーというだけだからです。

1-3　８人制を導入して何が生じたのか？

８人制が生んだ４つの現象

これまで、８人制サッカーと11人制サッカーの共通点と相違点について述べてきましたが、ここではU－12年代で11人制ではなく、８人制にすることによって、何が生じるのかについて考えていきましょう。つまり、なぜJFAがU－12年代の全国大会を８人制にしたかということにも関係してきます。

１つ目は、「人数が減る」こと。そうなると、「ピッチ上の選手１人あたりのボールタッチ数とプレー回数が増加」

それにより、

「技術力の向上・判断の回数の増加」

が見込めます。

サッカーでは、相手がいない状況でのボール操作を「クローズドスキル」といい、相手をつけた状態でのボール操作を「オープンスキル」と表現します。サッカーのトレーニングの研究に、クローズドスキルでボールを止める・蹴るの技能の習熟を高める練習を中心に行ったA群。ボール回しのようなオープンスキルでの練習を中心に行ったB群。この２チームで試合を行い、パスの成功率を比較したところ、B群の方が高かったという研究結果があります。

もちろん、パス技能の習得という観点では、競技レベルによってはクローズドスキルの練習は間違いなく有効であり、欠かすことのできないものです。しかし、試合での成功確率を上げるためには、ここに相手を加えることで、判断の要素が加わり、「いつ・どこにボールを止めるのか」あるいは「止めずに動かすのか」という判断をするための情報が必要になってきます。つまり８人制の導入は１人あたりのボールタッチ数、プレー回数が増加し、この判断を元にした技術発揮の回数が自然に増加するようになったと考えられます。

２つ目は、１つ目と関係していて、11人制のサッカーよりも、「見るものが減る」ということです。サッカーは、複雑系のスポーツであると言われるように、判断の基準には色々な要素が考えられます。

近年、研究領域ではこの課題解決のプロセスを「認知→判断→実行」と表現することが主流ですが、この「認知」というのは目で情報を得る、つまり「見る」という行為であり、「いつ・何を・どのように見るか」ということを考えた時、「味方・相手・ボール・ゴール・スペース」などが考えられます。であれば、人数の多い11人制の方が、味方・相手・スペースなどからの、情報量が多く、選択肢も多いため、一見「そっちの方が難

図3	8人制サッカーの狙い

① ピッチ上の1人あたりのボールタッチ数、プレー回数の増加
　→技術の向上、判断の回数の増加
　　GKの関わりが増加

② 見るもの（選択肢）が減ることで、判断基準が具体化

③「ピッチが狭くなる」選手個人が望めば、どのポジションでも攻守に
　関わり続けることができる。SSGsの方が体力的な向上が見られる

④ ゴール前の攻防の増加

易度が低そう」と思ってしまいます。しかし、実際は複数の選択肢があったとしても、決断し、実行するのは1つです。実は選択肢が多すぎるのは、かえって判断を難しくしてしまう場合が少なくありません。メニューが多い料理屋さんに行くと、注文に時間がかかってしまうようなものです。

つまり、8人制にすることで、見るものが減り、判断基準が具体化することが狙いとして考えられます。

3つ目は、「ピッチが狭くなる」ことで、選手間の距離が一定以上に広がらず、選手個人が望めば、どのポジションでも攻守に関わり続けることができる点です。

これにより、ボールに関わることへの習慣化。さらには体力的な持久力がつきます。それだけでなく、思考・判断し続けるという頭の持久力も求められるようになります。関わる意識が持続することで、近年主流となっている攻撃と守備を分離せず、攻守一体として考えるような組織（選手配置≒シ

ステム）の全体像の理解や、あるいはサッカーとはそういうものであると考える、個人のマインドにも影響を及ぼしてくることが考えられます。

パスを、リレーのバトンのように渡して終わる選手と、ボールに関わり続け、すぐにもう一度もらおうとする選手とでは、どちらが良い選手に成長していくでしょうか？　答えは言うまでもありません。

ピッチが狭くなっているので、体力的な要素は伸びないと感じるかもしれませんが、実はその逆で、この「関わり続ける意識」さえ刺激してあげれば、自ずとパスコースに動き出すようになり、実際にSSGsによって体力的な向上が見られたという先行研究もあるほどです。

4つ目は、「ゴール前の攻防が増える」という点ですが、これは現状ポジティブな要素だけではないと考えられるので、次項で取り上げて考えていきます。

1-4　8人制が生じさせた ゴールへの意識の変化と判断

ゴール前の攻防はどうなったのか

先ほど述べた「ゴール前の攻防」という点を中心に、現状の整理をしていきます。

まず最初に、8人制サッカーの全国大会がスタートした2011年と、近年の1人あたりの「ボールタッチ数」と「プレー数（アクションの数）」を比較してみると、増加しているというデータが出ています。

プレー数が増えるということは、ボールに関わる回数も増えています。そのため、選手たちがより多くの成功と失敗を繰り返しながら、技能の獲得や、判断の質というものを自然に向上させていくという、ポジティブな効果をもたらしていることが考えられます。

では、見込んでいた「ゴール前の攻防」という面ではどうでしょうか。

これもペナルティエリアへの侵入回数や、ペナルティエリアでのシュート回数は増加しているというデータが出ています。データから考えると、全国大会レベルではしっかりと相手を崩すだけの、技術力と判断力が備わってきているのかもしれません。

ただ、多くの4種年代の指導者が、全国大会出場レベルのチームで指導されて

いるわけではありません。そんな中で、入口としてのサッカーが8人制だった場合、コートサイズが11人制に比べて小さいことから、判断の基準がなく、
「ボールを前方へキックする」
「ゴールに近づく前に、ロングシュートしてしまう」

こういった場面が出てきてしまうのではないでしょうか。

そうなると必然的に、現段階で、チームで一番ボールを飛ばせる力のある子は、シュートを打つことだけを目的とした選手になってしまいかねません。他の技術力や、味方や相手の位置の把握、状況を判断してからプレーを選択、そして、実行するという、この年代で身につけておきたい要素に、目が向かなくなっていることも見受けられます。

なぜシュートするのか？ それをどう指導したらいいのか？

もちろん、ロングシュートが悪いと言っているわけではありません。サッカーの目的はゴールを奪うことです。だから、攻撃はシュートをどこからでもどんどん打つ意識を持つべきだと考えています。特に、海外に日本の子どもたちと遠征に行くと、このシュート意識とシュートレンジは、大きな差を感じる部分です。つまり、問題は

図4 メニューの考案

【目的】
選手のどういった要素にフォーカスするのか
「技術的負荷」「身体的負荷」「戦術的負荷」

それらを目の前の選手にそくした形で
（フィジカル・メンタル）

やる気にさせる4つのスイッチ
①競争したがる
②真似したがる
③難しいことをやりたがる
④認められたがる

シュートに至る際に、しっかりとした判断のプロセスを踏んでいるか、いつ・どこでボールを受けて、その時に相手はこうなっている（もしくはこうなりそう）、「だから私はシュートを選択したんだ」という部分が備わっているかどうかという点です。

勘違いしてはいけないのは、これは子どもたちが悪いわけでも、間違っているわけでもありません。選手たちは競争（勝負）が大好きで、認められたいのです。その中で、目的であるゴールがある、だからシュートを打つ、という心理は極めて自然です。

ですから、日常のトレーニングやトレーニングの中で行うゲーム中の、オーガナイズやルール設定を少し工夫していきましょう。

選手たちは、自然にプレーをしている中で、

「ここからシュートを打てるが、もう少しゴールに近づいてもシュートが打てそうだ。それに、パスもドリブルもある。どちらのタイミングでもシュートは打てるが、ここからでは相手にシュートが当たるかもしれないし、シュートが決まる確率はもう少し近づいた方が高そうだ。じゃあ、近づいてからゴールを狙おう」

という選択肢を持てるようにしてあげることが、「指導をする」ことの重要性だと、私は考えます。

「シュートを打つな」というのは簡単です。ましてや、監督の指示だと選手はなんでも受け入れてしまうことが多いかもしれません。しかし、それは、まったくもって自然ではありません。むしろ不自然です。

選手が自らの選択を楽しんでいる、楽しめるようになる、そこを絶対に忘れてはいけません。

練習メニューのオーガナイズ

そのためにはメニューを工夫することも、オーガナイズを工夫することもあるでしょう。ただ、忘れてはいけないのは、メニューが目の前の選手たちに適したものになっているかという部分です。

インターネットなどで調べると、海外の有名チームのトレーニング映像が簡単に視聴できる時代です。ですが、それは指導者の方が現在指導している選手のレベルには適していないものも少なくありません。かといって、全てができないかといったら、

一概にそうともいえないトレーニングもあります。

では、どの部分ができて、どの部分を変えないといけないのか…。そうなるとトレーニングの目的を考えるようになります。目的を考えることがすごく大切なのです。

メニューはあくまで方法です。その方法を使って、どういうことを落とし込みたいのか、それが「目的」になります。

トレーニングの目的を整理するには、「技術的負荷」「身体的負荷」「戦術的負荷」という3つのパラメーターで考えていくと、整理がしやすくなります。

この目的を「サッカーの原理原則を考える」というテーマにて整理していきたいと思います。

1-5 日本人のストロングポイント（長所）とは？

サッカーの交通整理

　ゴール前の攻防についてふれましたが、JFA はゴール前の攻防の質を、現在の日本サッカーの重要課題として挙げており、指導教本においても「8人制サッカーでは 11人制サッカーよりも、手数をかけずボールを運ぶことができ、ゴール前の攻防が増えます。ゴール前で、仕掛ける頻度やシュートを放つ回数も増えます」

　と述べ、「攻撃力が高まることで、守備力も高まる」ということにもふれています。

　では、このゴール前の攻防の質という課題を克服するためにも、日本人のストロングポイントはどういった部分であり、それを、どのように活かした戦い方をしていけばよいのでしょうか。

　日本人選手は、ボール操作に優れ、俊敏性・持久力も海外の選手と比べると平均的に優っているといわれています。

　確かに、子どもたちと一緒に様々な国に行きましたが、ボール操作という面では、日本人が一番秀でているように感じますし、小学生年代ではボールを持ってヒョイ・ヒョイとかわしていく姿に、現地の観客から歓声があがることも少なくありません。

　この日本人の能力は、日本の育成環境の産物といっても過言ではないでしょう。コー

ンドリブルなどにみられるように、神経系が発達する時期に、細かいボールタッチを数多くこなすことで、ボール操作や身体操作、俊敏性などがかなり磨かれているのではないかと推測できます。

　サッカーのフィールド上で、予想外のことが起きた場合に、とっさに身を翻して別のプレーを成功させてしまう身のこなしは、世界でも指折りだと感じます。

　ただ、ピッチ上で、予想外のことが起こらないようにプレーするのもまたサッカーであり、戦術やプレーモデルというのは、そういった意味でサッカーの偶然性を排除する。あるいは、共通目的の成功確率を上げる手段であると言えます。

　スペインなどの国では、運動があまり得意ではなさそうな子が、普通に試合に出場しています。身体操作という面から見ると、俊敏性は全く感じられませんが、そういった所謂、身体能力の部分は試合中にはあまり目立ちません。なぜでしょう。

　彼らは、そもそも予想外に密集になる場面が少ない状態で、サッカーを進めていくことが得意であるように感じます。

　交差点で考えてもらうとわかりやすいかもしれません。交差点に多くの車が侵入しているとします。その車たちは好き勝手に動き、それに当たらないようにドライビングテクニックを磨こうとするのが日本。だ

| 図5 | サッカーの交通整理 |

日本の場合

「事故を起こさないように運転技術
（ドライビングテクニック）を磨く」

ヨーロッパの場合

「信号機をつけて交通整理をする」

とすれば、スペインは、この交差点に信号をつけましょう、「今は青ですか」「赤ですか」と、交通整理を学んでいるように感じました。

つまり、信号がある交差点で、信号を識別し、最低限のドライビングテクニックさえあれば、事故は起こらないということです。この交通整理を学ぶという行為が、サッカーの原理原則を理解するということです。選択肢の中から状況に応じて自ら判断していくという部分であり、ドライビングテクニックと表現した部分が「ボール操作・身体操作」にあたる部分です。

日本人がドライビングテクニックが身につく土壌で、交通整理と表現したような「サッカーにおける原理原則」を理解して

いけば、あるいは必要性を感じて、そこの部分にも触れることができる土壌になっていけば、日本人は本当に世界の頂点が取れると、私は信じています。

日本が目指す Japan's Way（ジャパンズウェイ）

また、「和」を大切にする国民性であり、真面目であるとされ、組織力や勤勉性、粘り強さやフェアプレー精神なども日本人の特徴としてあげられます。「こうだ」と言われたら、理由なしに「それを信じてやり続けられる」のもそうです。

しかし、サッカーは相手があるスポーツです。相手が何かをしてきた時に、反応（認知）し、判断の変更をしなければならない

21

場面が多くあります。そんな時に、指示命令系統が１つだと、そこから事前の指示を（判断なしに）こなすだけであったり、次の指示を待っている状態では、現場で起こっているプレーに対応できません。そういった点では、日本人選手は「決められたことしかやれない」「自立していない」などと表現されることもあります。

　JFA は、日本の目指すべき方向性を「Japan's Way（ジャパンズウェイ）」と表現しています。同時に Japan's Way とは、特定のチーム戦術、ゲーム戦術を示す言葉ではなく、「日本人の良さを活かしたサッカーを目指す」という考え方であることも述べています。つまり、「交通整理」と表現したように、選手個々が「サッカーの原理原則」を理解し、自ら判断ができるようになれば、日本人のボール操作・身体操作が身につく土壌があるため、もっともっと世界をリードする国になる可能性を秘めているのです。組織力と勤勉性をどう考えるか。８人や 11 人で決まった１つの絵を描くのではなく、あくまで「判断基準は個人にあり」と選手の判断を尊重した上で、日本人の特性を活かすべきです。

　その決定と変更の基準を組織として、日常のトレーニングで高めていくということが大切になってくるでしょう。それには、選手と同様に、我々指導者も「サッカーの原理原則」というものを、改めて整理していく必要があります。

まとめ 　**8人制サッカーのシステム**

【3−3−1】

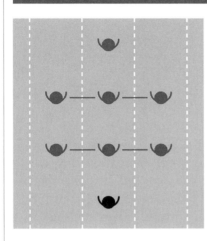

＊縦に揃っている（レーン）
→「ズレる」という思考がなければ、
「ボールと相手を同一視する」という
良い身体の向き＝良い視野というものが
作りにくい

＊3人で幅を守るので、スライドが容易で、
ギャップが生まれにくい
↓
誰が誰をマークするのかはっきりしやすい

初級者は、守備を考えやすいシステム

逆にいうと上級者は、このシステムで攻撃
が機能するとサッカー理解が高い可能性大

【2−3−2】

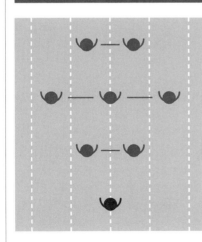

＊前方、後方のラインの選手とはレーンが異
なる可能性が高い
↓
最初からズレているため、別のラインの選手
へパスを通しやすい（斜めのパス）
（基本的に相手は前方に立つため）

＊最終ラインが2人なため最終ラインが対
応するとしても、前方の選手を戻すとしても、
自分たちのシステムのバランスは崩れやすい

（**攻撃**）パスの流れを見つけやすく、攻撃し
やすい。しかし、守備時にスペースを与える
ことによりバランスを崩す可能性が高い

上級者はコミュニケーションをうまく取って
対応する練習。圧倒的にボールを支配して、
攻撃されないようにする

23

Naito's labo ❶

世界のスモールサイドゲーム研究

　私は本書の中で「8人制サッカーはスモールサイドゲーム（SSGs）である」という表現をしてきましたが、世界では、SSGsに関するさまざまな研究が行われています。ここではSSGsに関する研究で、私が気になるものをいくつか紹介していきます。

　まずSSGsは、11人制（フルコート）の試合と比べて、高強度な生理的反応、より高頻度な技術的要素の発現を引き起こすことができると、クロアチア・ザグレブ大学の研究チームが記しています（Gabbett et al.2008）。

　FIFAメディカルセンターに所属するスポーツドクターの研究によれば、11人制の試合に比べて、プレー1分あたりの走行距離、高強度の疾走（High-Intensity Running）が有意に高いことを指摘しています（Dellal et al .2012）。続いて、アメリカ・シアトルサウンダーズのフィジカルアドバイザーを務めるアダム・オーウェン氏によれば「パス数」「レシーブ数」「ドリブル数」「シュート数」が有意に多く（Owen et al.2014）、1 vs 1の「デュエル数」、「ボールロスト数」は増え、パス成功率とボール保持率は少なくなること（Dellal et al.2012）を明らかにしています。つまりSSGsは11人制（フルコート）の試合に比べて、技術的要素、生理的反応において、選手に高い負荷をかけることができるトレーニングとして学術的に証明されているのです。

　前述のオーウェン氏は、3 vs 3を30m×25mのピッチで、9 vs 9を60m×50mのピッチで5分×3本ずつ行い、生理的反応と技術的要素についての比較する実験を行っています。実験によれば、3 vs 3のほうが9 vs 9に比べて「平均心拍数」が有意に高くなることを示しています。また、1ゲームあたりの「ドリブル数」「シュート数」1人あたりの「ボールコンタクト数」は有意に高い値を示したが、1ゲームあたりの「パス数」「レシーブ数」「ブロック数」「インターセプト数」は有意に低い値を示したと述べています（Owen et al 2011）。

　さらにオーウェン氏は、1 vs 1から5 vs 5までのSSGsを行い、プレーヤー数の変更による生理的反応と技術的要素についても比較しています。結果、プレーヤーを各チームに追加することで1ゲームあたりの「パス数」や「レシーブ数」などの技術的アクションの増加が示されましたが、ワンタッチのパスは減ったと述べています。

　SSGsが良い・悪いということではなく、世界では様々なトレーニング条件下（プレーヤー数・ピッチサイズ・GKの有無・ゴールサイズ・コーチングの有無など）での技術的要素、および生理的反応における違いが研究されており、現場で活かされているのです。

第 2 章

サッカーを分析し、
用語を整理する

2-1　サッカーの原理原則とは？

目的を理解しよう

　続いては前の章で述べてきた、「サッカーの原理原則」を詳しく考えていきます。

　サッカーの原理原則とは、「攻守において大前提となるプレーの目的や仕組み」いわばサッカーの基本概念、本質、全体像に関わる部分です。

　選手たちにわかりやすくサッカーを伝えるためには、まず指導者がこの原理原則をきちんと理解する必要があります。

　サッカーをゲームという側面から見ると、その目的は「勝利すること」です。つまり、この章で考えていく「プレーの原理原則」は、極論すると「相手よりも得点し、勝利するためにある」といえます。

　しかしながら、8人制サッカーに関わる育成年代の指導者の多くは、ただ勝てば良いという考えではないでしょう。もちろんゲームでは、勝つために選手に最善を尽くさせますが、その手段として、「選手個々が成長するための方法を取ること」が、育成年代を指導するときのポイントです。その方法を指導者が提案し、選手自身が体得するためにも、これらを理解することはとても重要なことです。

　では、早速考えていきたいと思いますが、漠然と原理原則といっても範囲が広すぎます。分けて考えるとすれば、どのように分ければ良いのでしょうか。

　ポイントは、目的を考えながら現象を整理していくことです。先ほど述べたように、日本人は勤勉な国民性で、SNS（ソーシャル・ネットワーキング・サービス）などを用いて、プロクラブの戦術トレーニングや最新のトレーニング理論を紹介してくださる方も多くいらっしゃいます。注目されるチームのトレーニングは、近年の「言語化」というフレーズにも乗っかり、新しいトレーニング名や戦術名がついていきます。

　しかし、一見ものすごく斬新で、他とは違って見える戦術やトレーニングも、「〜のために」という目的を考えて現象を整理していくと、そこには共通の現象で説明できるものが少なくありません。

　それが、サッカーにおける原理原則といわれるものです。

「4局面」を知ると 「攻守一体」がわかる

　原理原則を理解する上で、サッカーを分けていくとすれば、最も想像しやすいのが、「攻撃」と「守備」というところでしょう。しかしながら、サッカーは野球のように攻撃と守備を交互に行うスポーツではありません。

　日本で指導者ライセンスを取得された方

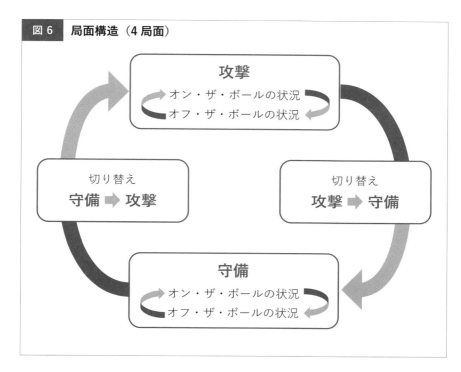

図6　局面構造（4局面）

攻撃
→ オン・ザ・ボールの状況
→ オフ・ザ・ボールの状況

切り替え
守備 ➡ 攻撃

切り替え
攻撃 ➡ 守備

守備
→ オン・ザ・ボールの状況
→ オフ・ザ・ボールの状況

ならご存知だと思いますが、サッカーを「攻撃」「守備」の他に「攻撃→守備への切り替え」「守備→攻撃への切り替え」という4つの局面に分けて観察すると、サッカーが理解しやすくなるといわれています。

それぞれの局面において目的を整理すると

・攻撃

①ゴールを奪う

②ボールを前進させ（相手の背中を狙う）、シュートチャンスを作る

③攻撃権を失わないために、ボールを保持する

・守備

①ボールを奪う

②相手の攻撃を自由にさせず制限をかける

③ゴールを守る

それぞれ3つずつあります。

さらに、近代サッカーにおいて非常に重要だといわれている「トランジション」（切り替え）においての目的はそれぞれ2つ。

・攻撃→守備の切り替え（ネガティブトランジションとも表現される）

①素早くボールを奪い返す

②相手の攻撃を遅らせ、守備の体制を整える

・守備→攻撃の切り替え（ポジティブトランジションとも表現される）

①相手の守備の体制が整わないうちに攻める

②奪ったボールを奪い返されず、攻撃の体制を整える

このような4局面を確認した上で、目的

の整理と新たな提案をしていきたいと思います。

まず、4局面があるからといって、試合中にすべての局面が均等に訪れるわけではありません。野球だと9回の攻撃機会と守備機会は保証されており、打席も9人が順番で回っていきます。しかし、サッカーではそうもいきません。ボールを持っているチームを攻撃と定義するのであれば、ボールを保持することで、守備の時間が減ります。U－12世代であれば50分の試合で、40分間ボールを持ち続けられるチームは、10分間の守備があります。それに伴って出現するであろうトランジションの回数と、40分間守備をするチームのトランジションの回数では、育成年代において身につけたい原理原則に偏りが出てしまいます。

そんな時は、（公式戦だとそうは言っていられませんが）試合や練習などで、対戦相手のレベルを調整してみてください。

サッカーはボールゲームであり、相手や味方とのやり取りの中で判断が生まれていくため、この4局面をバランスよく学べるように指導者の方に工夫してもらいたいのです。それと並行して、選手たちにはあくまでボールを持って攻撃することを楽しめるような環境設定を多く作ってほしいと思います。

つまり、この4局面は均等ではなく、自分たちが相手よりも技術や判断が向上すれば、ずっと攻撃していられるスポーツなのです。野球のように9回守備9回攻撃というスポーツではないということです。

そういった部分でもう1つ提案したいのが、「スポーツを相手との闘い」という側面から捉えた場合、

「『攻める』ことができる選手であるか」

ということを見抜いていただきたいです。

先ほどの4局面を見てもらうとわかるように、目的の①のところはどの局面も対人関係でいうと「奪う、奪い返す、攻める」というような主体的なアクションが入っています。それに対して、②や③では「保持する、守る、整える」というような保守的なアクションになっています。

よって、4局面を理解するのと同時に、相手との相対関係の中で、「いつ・誰と・どのように闘えば『攻める』局面を作ることができるか」を考えてみましょう。

例えば、ヨーロッパで一世を風靡した「ゲーゲンプレッシング」などは、明らかに「守備側が攻めている」ことが視覚で認識できます。逆に、近年ありがちなポゼッション至上主義による、ボールを繋ごうとするものの「相手を攻める→背後に向かう」をせずに、横パスやバックパスで、「守備側に攻められてしまう」という現象も見受けられます。

このように、近年のサッカーは攻守一体と表現されることが増えてきているため、4局面に加えて「攻めているのか」「攻められているのか」という選手の状態を、指導者がしっかりと見ることができ、時には指導することができることが求められているように感じます。

2-2　選手を評価するパラメーター

局面の攻撃とは異なる「攻める」状態とは

　このように「『攻める』ことができる選手」になるためには、何が必要でしょうか。

　前の項では、「局面」という定義でサッカーを区分し、「攻める」という観点でのサッカーの捉え方を提案しました。

　では、「攻める」ことができる選手、あるいは「攻める」ことができるグループ、チームを育成していくためには、どこを観察し、指導していけば良いでしょうか。観察や指導という観点で細分化していくと、

　「技術」「戦術」「フィジカル」「メンタル」など様々なパラメーター（項目）に分かれて表現されることが多いのではないしょうか。現場でも、

「あの選手 A、すごい上手だよね（ボール操作を指すことが多い）」
「あっちの選手 B は、あの身体の大きさで浮き球使われると、他の選手は競り勝てないよ。育成年代であればずるいよね」
「この選手 C は、チームを鼓舞できて素晴らしいね」

　というような声を耳にすることがあります。この場合、選手 A は良い選手で、選手 B は良くない選手でしょうか。選手 C はどうでしょう。こういったように、パラメーターが揃っていないことが、指導者の方や選手を惑わせている状況をよく目にします。

　そんな時には是非、先ほど述べたような「『攻める』ことができているか」という観点で選手を観察してみてください。

「育成年代（ジュニア世代）の指導は技術（テクニック）が大切だ」

　ということは、指導を学ばれている方なら何度も耳にしているのではないでしょうか。JFA の指導教本にも書かれている通り、それは間違いないと思います。しかし、ここで述べられている「技術」というのは、何もボール操作だけではありません。ボール操作が上手でも、相手の背後に向かう（攻める）ことをしなければ、サッカーの目的を達成できませんし、目的を整理すると、求められるボール操作の質も変わってきます。

　また、選手 C のように、チームを鼓舞することで味方選手が相手選手からボールを奪うようになったり、積極的に前方に出ていくようになれば、相手を攻めることができ、それは立派な「人を操る技術」と言えるでしょう。上背のある選手 B が、相手との相対性を考えて意図的に空中のスペースで勝負しようとしているのであれば、これもいつ・どこで・誰と勝負するかを自ら考え、相手を攻めていると考えられます。

　つまり、指導者の方に観察していただき

図7　選手の評価基準

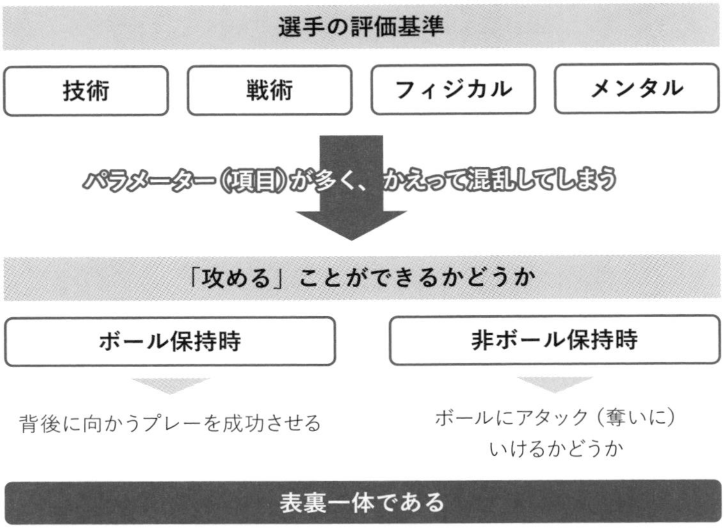

選手の評価基準

| 技術 | 戦術 | フィジカル | メンタル |

パラメーター(項目)が多く、かえって混乱してしまう

「攻める」ことができるかどうか

| ボール保持時 | 非ボール保持時 |

背後に向かうプレーを成功させる　　ボールにアタック（奪いに）いけるかどうか

表裏一体である

たいのは、

「選手が自ら判断してプレーを選択し、それが結果的に相手を『攻める』ということにつながるプレーになっているか」

「大人になっても通用する部分なのか」

という２点です。

選手Ａが判断してプレーを選択していれば、そのプレーは再現性が高くなります。サッカーは偶然性の高いスポーツであるといわれていますが、再現性を高めていく行為こそが技術であると思います。ですので、ボール操作はもちろんですが、戦術というのも

「いつ・どこにポジションを取るか」

「どういうプレーを選択するか」

という頭（思考・判断）を扱う技術（テ

クニック）であるといえます。

フィジカルと表現される部分も同様で、特に育成年代では意図したタイミングで、身体を思い通りに動かせるかどうかという観点から、身体を扱う技術（テクニック）であるといえます。大人になって通用するかどうかという視点では、身体のサイズや足の速さは、現在は使える技術であったとしても、周りとの発達段階から考えると、今後どうなるかわかりません。

選手Ｂのプレーが、大人の中に入ると成功しないような場合は、注意して観察しておきましょう。決して、そのプレー自体がダメなわけではなく、そのことをしっかりと認識した上で成長させてあげましょう。

「１８５cm以上だ」とか、「５０mを５

秒台で走る」になってくれば、それは大人の中に入っても希少価値があると思いますので、選手の特技としてどんどん活用していけば良いと思います。

指導者の方々は、選手たちが自らプレーを選択していく中で、もっと効率の良いことがあれば、少しだけ指摘して、何より成功を褒めてあげるのが良いのではないでしょうか。

この年代では、何よりも主体性が大切で、やらされている状態では、本当の意味で「攻める」ことができる選手にはなっていきません。

それぞれの特徴に注目して育成する

そういった意味では、どんなに強い相手でも、どこかに攻略の糸口はあるはずだとブレずに考え続けて「自分、あるいは自分たちのほうが上回っているんだ」と自信を持ってピッチに立つことは、心を扱うテクニックとでもいえるでしょう。あるいは、ここはもう「パッション」と呼ばれるような人の強さかもしれません。

どんなに技術があっても、心（パッション）がなければプレーヤーとしては難しいでしょう。逆に、選手Cのように心がしっかりしていれば、技術というものは、人によって伸びやすい年代こそあれ、後からでも身についてきます。

筑波大の指導時に技術はあるのだけれど、プロ選手として短命で終わってしまう選手を、自チームや相手チームで見てきました。だから、このブレない心「人の強さ（パッション）」の上に、テクニックが備わってこそなんだと、何度も感じさせられたの

を覚えています。この「人の強さ」というものも、「攻める」という言葉の説明の中に含まれています。

攻撃の選手、守備の選手というくくりはあるかもしれませんが、そもそもこの選手は闘いの中で生きていける選手なのか、相手とのせめぎ合いを日常にできる選手なのか、そこは指導者として観察すべき一部分といえるでしょう。

目先の練習メニューだけでなく、メンタルの部分にもフォーカスしていくことは、これから先、サッカーだけでなく、日本の社会でも、とても重要な意味を持ってくると感じています。日本人の勤勉性が、どこかの指導メソッドを学べば、あるいは、このトレーニングを行えば、同じような選手が育成できると考えている部分を見受けることもありますが、そんなことはないでしょう。

まとめると、様々なタイプの選手を評価するパラメーターを、「技術」という観点で整理してあげて、なおかつその技術が、「相手を攻めること」を目的としているかどうかでチェックしてみましょう。

そして、その技術をこなすだけでなく、相手を「攻める」という観点で技術を発揮し続けられ、人の強さ（パッション）を育んでいけているかも重要です。

核家族化が進み、習い事文化によりスポーツの方法がメソッド化されたり、幼い頃から1つのスポーツのみに特化してしまう早期専門化という問題が叫ばれている昨今、我々指導者がそういった観点を持って、本当の意味で伝えなければいけない部分かと感じています。

2-3 インテンシティの正しい意味とは？

出発は全て思考（アイデア）である

ここまで、「攻める」ことの重要性や人の強さ（パッション）の重要性について説いてきました。私の推奨するサッカーは、どこか肉弾戦のようなイメージを抱かせてしまっているかもしれませんが、決してそんなことはありません。

「攻める」というのは相手と身体をぶつけ合うことだけではありません。サッカーとは、ボールゲームであり、最終的には技術（前の項で述べていますが、ボール操作だけを指しているものではありません）と、気持ちの相乗がものをいうスポーツだと認識しています。

かの有名なヨハン・クライフは
「サッカーの基本はボールコントロールである。選手がボールを追いかけるようになれば、それは別のスポーツである」
と語っています。

これは私自身、常々心がけていることであり「出発は全て思考（アイデア）である」ということだと理解しています。アイデアがあって、それを正確に再現できるボールコントロールスキルがあれば、選手がボールを追いかけるのではなくて、ボールの方が選手を追いかけていくという感覚になる

でしょう。

つまり、攻撃の目的は、ゴールを奪う、相手の背後に侵入することなので、鬼ごっこのように相手に捕まらずに動くことを意識するだけで、相手は肉弾戦には持ち込みづらいということになります。

逆に、「守備の目的＝攻める」は、相手のボールを奪うことなので、どこかで相手を捕まえることが求められます。
「攻撃時は捕まらずに背後を狙い、守備時は背後を取られないよう注意しながら、球際を作る（捕まえる）こと」
これが、「戦うプラン＝戦術のベース」であるといえます。

インテンシティとは混沌な状況下でより生じる

ただ、近年ではヨーロッパのトップリーグやヨーロッパチャンピオンズリーグ（以下CL）などに出場するのクラブは、運動量（走行距離）や最高速度、スプリント数などに秀でた、アスリート的な能力値が高い選手を多く抱えるクラブが、好成績を残しているのが特徴であるといえます。

ここでは「インテンシティ＝強度」という言葉が多く使われており、トップクラブとして成功するためには、インテンシティの高いサッカーに対応できなければいけないといわれはじめています。

図8	インテンシティ（強度）

攻撃のインテンシティは頭（思考）が重要

① 背後を狙う意識

② 相手に攻められる（球際を作られる）前に自分のアイデアを実行できるボール操作技術

③ アイデアを持ってボールを受けて、状況に応じて変更できること

代表的な例が、2020年のCL準決勝のバルセロナ vs バイエルン・ミュンヘンではないでしょうか。どちらも世界トップクラスの選手を抱えながら、試合結果はバイエルン・ミュンヘンの大勝でした。試合後のインタビューや総評でも、両チームの差はインテンシティにあったという意見を多く目にしました。

では「インテンシティ」とはどういったことを指していて、8人制サッカーで育成年代を指導する方々にはどういう示唆と捉えるべきなのでしょうか。

私は、先ほどのクライフの言葉にヒントがあると考えています。

「出発は全て思考（アイデア）である」

トップレベルにいけばいくほど、ボール操作にミスは少なくなりますから、よりその傾向（アイデアの勝負）は顕著であると想像できます。そして、そのアイデアを実行するために、身体を動かす必要があれば、選手はアクションを起こすのです。

つまり、そのアイデアの想出回数が一昔前よりも増えているということです。また、ピッチやボールの性能が良くなり、ボール操作技術が上がっていることから、守備で相手を捕まえよう（攻めよう）と考えると、相手との距離をより近くするために、3ラインの距離を狭くして、コンパクトなフィールドを作り上げることになります。サッカーのプレーの多くはこの3ライン間で行われるので、ピッチのサイズは変わらないものの、そこの3ライン間が狭くなれば、その中は混沌（カオス）としています。この混沌の中でサッカーが行われている状態こそが、インテンシティの高い状態であるといえるでしょう。

その中で攻撃は、以下の3点を習慣化していくことが求められます。

・相手に捕まらないように、タイミングよく背後を取っていこうとする意識

・相手が球際を作る（攻めてくる）前に自分のアイデアを実行できるだけの「止める・蹴る・運ぶ」のボール操作の技術

・自分のアイデアの選択肢を事前に見つけて、相手・味方の状況に応じてアイデアを

実行または変更できること

　インテンシティが高いというと、身体をバチバチとぶつけ合っているシーンを想像するかもしれません。その状態は、守備側としてはインテンシティが高い状態かもしれません。しかし、攻撃側からしたら、それはインテンシティが高いとはいえないでしょう。

　ただ、この混沌とした状況をオーガナイズして、メニューで作り出すことで、混み合った中でも、技術を発揮できるようになってくるでしょう。

　ポイントは、技術に少し意識を向けて、相手に捕まらずにプレーができるようにオーガナイズしたピッチサイズです。

　攻撃側が捕まらなければ、守備側はより早くポジションを取りなおしたり、ボールの移動中に寄せるスピードをもう少し上げたりするなど、自然と工夫をするようになり、守備のレベルも上がっていくでしょう。

　そうすると、また攻撃に要求する質も上がってくるという具合です。

　これが先ほど（2−1）述べたような、攻撃と守備は表裏一体であります。

　このように、「インテンシティ＝ただバチバチいくこと」と捉えないで、「攻撃は捕まらない」「守備は捕まえる」という観点からインテンシティを見てください。そしてメニューの内容やピッチサイズを調整しながらトレーニングをしていくこと。それこそが、インテンシティの高い中でもプレーできる、はたまた、自分でインテンシティをあげられる選手になっていくポイントであると考えます。

　やはり、ポイントは「頭＝思考」です。アイデアがあると、放っておいても身体は適切なスピードで動きます。つまり、自ら考えることのできる選手を育成していくことが大切であるといえるでしょう。

2-4　上手さとは速さ（早さ）である

{ **思考（認知から実行まで）とは何か？** }

　思考（＝頭）するといっても、何をどういった観点で思考すると良いのでしょうか。

「ここはこういう風に動くべきだ」

「ゴール前はワンタッチを入れると崩せるよ」

　はたして本当にそれは正解でしょうか。誰に対しても、相手がどんな状態でも、当てはまるものでしょうか。自ら判断できる選手が求められていると自認しつつも、プレーの判断を選手たちから奪ってはいないでしょうか？

　多くの指導者の方が、自身もサッカー経験者でしょう。そうなると、経験則から成功の確率が高いプレーを「方法」として伝えてしまいがちです。

　そうではなく、大切なのは、先ほどから述べているように原理原則（目的）を理解していたが故に、自然とそのプレー（方法）ができたということなのです。

原理原則の理解 → 認知　→ 判断　→ 実行

指導者の方法の伝授　→ 実行

　よくあるのが、小学生年代において、サッカー経験のある指導者が攻撃方法を試みる

ような働きかけをしたが、全くうまくいかないということです。よく見ると、相手の守備側が原理原則を全く理解していないので、プレッシングやカバーのポジショニングがおかしい。にも関わらず、攻撃においてプレーの変更が見られない……。これはまさに、選手が原理原則（目的）を理解していない状況であるといえるでしょう。指導者が「この時はこう」「この時はこう」とその都度言っていたのではキリがありません。

　そうなってくると8人制サッカーと11人制サッカーでは、見えてくる景色や現象が変わってくるのではないでしょうか。そんな相談を受けることが多いような気がします。

{ **サッカーのスピードは3つある** }

　私は、子どもたちに指導する時に、あること（法則とでも言いましょうか）を認識させた上で、判断に関する部分は、「自由でいいよ」と伝えます。

　まず、こうすることでベクトルが自分（選手自身）に向きます。何をやっても良いのですから、人のせいにはできません。自由であるがゆえに、

目的（原理原則）＝「何のためにそれをするのか、それが必要なのか」

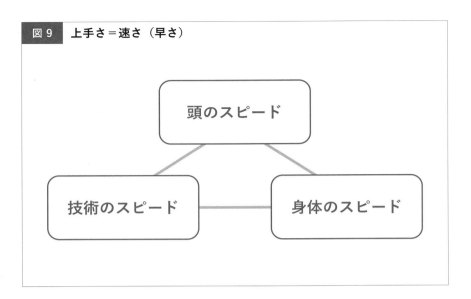

図9 上手さ＝速さ（早さ）

頭のスピード

技術のスピード　　身体のスピード

を考えるようになります。大人に近づくに従って、時に特殊なチーム原則が用いられる際も、まずは一般的な原理原則を理解していることで、最終的な目的を説明されると腑に落ちる場面が多くあります。

　その法則とは
「上手さとは速さ（早さ）である」
「上手い選手は速い（早い）」ということです。また肉体的なこと言いはじめたと思われるかもしれませんが、そうではありません。先ほど、選手の評価基準において「技術」「戦術」「フィジカル」「メンタル」など、サッカーは細分化されると説明し、その細分化が指導者の方々の悩みのタネの１つであると述べてきました。ですので、そこを合わせながら考えることができ、なおかつ、選手たちの判断を奪わない。ただし、それはサッカーの原理原則（目的）に沿っているということを考えていった時に、この速さ（早さ）＝上手さという言葉がようやくしっくりくるでしょう。

　私自身も指導者を始めたばかりの頃は、どの選手を起用するべきなのだろうかと悩む日々でした。自身もプレーした筑波大学蹴球部で指導を始めさせていただいたので、最初のうちは共にプレーしていた後輩たちを評価しなければならず、おおいに悩んだものです。

　そのような状況の中で、当時の監督に「サッカーのスピードは３つある」という話をしていただきました。当時の自分の悩みはすぐに解消し、その後の指導においても、指導哲学の基礎になっています。

　その３つというのは「技術のスピード」「身体のスピード」「頭のスピード」です。その３つのカテゴリーの時間（スピード）に認識を持たせることが、自由にサッカーをしていても原理原則を理解していったり、インテンシティの高さにも対応できていったりという手助けになると考えています。

2-5　技術・身体・頭のスピード

整っている状態をいかに増やすか

「上手さとは速さ（早さ）である」

その速さ（早さ）は「技術のスピード」「身体のスピード」「頭（認知・判断）のスピード」の3つ。これらの例を挙げて考えていきましょう。

まず、「技術のスピード」です。

近年、世界トップレベルでは、ピッチとボールの性能が向上したこともあり、ボール操作のミスが極めて少なくなってきています。そうなると、パスの受け手が守備者の狙い（マーク）を外した隙に、パスされたボールがピタッとくる。これぞまさにクライフが言っていた「ボールが追いかけてくる」サッカーです。

これには、パスの受け手がマークを外した瞬間に、ボールホルダーが蹴れる状態になっていないと成立しません。つまり、マークが外れている間にボールが受け手に届かなければならないということです。

早くマークが外せても、ボールを蹴る状態が整っていなければ、再びマークされてしまう。

マークが外れて、タイミングよくパスが出せても、パスの移動時間が遅すぎると、受け手に届く頃には同様にマーカーが戻ってきてしまうでしょう。

つまり「技術のスピード」とは、自分がボールを蹴れる状態（整っている状態）であると表現できます。

近年では「止める」「蹴る」という言葉でも表現されますが、パスは足元から必ず離れます。それを踏まえて、

・いかに短い時間で、次の人にボールを蹴れる状態（整った状態）にできるか

・パスのスピードや距離で、パスの移動時間を短くすることができるか

・どんなスピードのボールがきても、一度でボールと身体を整えることができるか

これらのスピード（時間）こそが「技術のスピード」なのです。

次に、「身体のスピード」を考えていきましょう。身体のスピードというのは、皆さんの想像どおり「走る」と「ドリブル」のスピードです。

最高速度が上がるようにトレーニングすることも必要ですが、育成年代に携わることの多い8人制サッカーの指導者の方向けに、ここでは敢えて2つのポイントを挙げたいと思います。

1つ目は、走るスピード（速度）とドリブルするスピード（速度）の差をできるだけなくすことです。50mを8秒で走る選手に「7秒でドリブルして走れ」といってもそれは不可能です。しかし、50mを8

「身体のスピード」の象徴的な存在であるリオネル・メッシ

・ランニングのストライドとドリブルのストライドがほとんど変わらない
・ボールに身体を合わせていくのではなく、身体にボールを合わせていく
・２歩に１回ボールタッチをする
・１０ｍ進むのにメッシは５回タッチする

秒台で走る選手が、８秒以内でドリブルすることは可能であると考えます。

　私は、大学院博士課程在籍時に陸上競技の研究者と同じ部屋にいました。彼はピッチ（足の回転数）とストライド（歩幅）の関係性の研究をしていました。そんな彼が、ある時リオネル・メッシの映像を見て、「ランニングのストライドとドリブルのストライドがほとんど変わらないのがすごいよなぁ」とボソッとつぶやいたのです。確かに「ドリブルの方が何もなく走るより遅い」のは、ボールが意図した位置にないので、ボールに身体を合わせるため歩幅が変わり、ストライドが小さくなったり、大きくなったりするからだと感じました。

　つまり、ボールに身体を合わせていくのではなく、身体にボールを合わせていく（歩幅が変わらないようにする）ことが大事だったのです。さらには、「技術のスピード」も兼ねた話になりますが、ドリブルとはいえ、最終的にはボールを蹴ります。技術のスピードでボールが蹴れる状態（整った状態）と表現しましたが、ドリブル時も身体からボールが離れるという観点では同じことです。いかに「整った状態」を多く作れるかが鍵になります。

　具体的に表現すると、利き足の前にボールがあれば、無駄なボールタッチやステップがなく、なおかつ自分の蹴れる一番遠くまで、あるいは確率の高い、スピードの

あるボールが蹴れます。ドリブルでボールを運ぶ際、利き足は2歩に1回は前に出て、そのタイミングでボールをタッチする。ボールの動く距離と身体をスライドさせる距離が一致するタッチの強さを習得すれば、走るスピードとドリブルのスピードはほとんど変わらなくなります。スピードがある選手は、ドリブル中に追いつかれなくなるでしょう。

その視点でメッシを見てみると、やはり世界で唯一無二の選手だと感じます。

日本のU-12年代の選手は、ボール操作に関しては世界でもトップクラスだと断言できます。ただ、8人制サッカーでコートが約半分になっているからなのか、ドリブルといっても狭いエリアで相手の足をかわすような「動かす」ドリブルが多く見られ、このような「運ぶ」ドリブルという部分はあまり指摘されていません。この年代は、ちょっとしたアドバイスをするだけで劇的にプレーが変わる印象を受けます。

私がこの技術のポイントを伝えると、子どもたちは一斉に全力で走り始めます。自分の全力のスピードにボールを合わせるようにすることは、誰にでもチャレンジできるからです。子どもたちは自分ができそうなことには、チャレンジしたい、そして何より、達成して認められたいのです。

全力で走りながら、目を輝かせ、何よりみんな笑顔です。どんなフィジカルトレーニングよりも、よほど効果的ではないかと私は考えます。必要だとわかればやる、これがアスリートだと常々考えさせられる1コマです。

力みが出るとタイムロスが出る

そして身体のスピードでもう1つ大切になってくるのは、

「身体の力みを取ってあげる」

という部分です。

近年の選手は習い事文化の影響なのか、家族の生活スタイルの変化なのか、頑張るということが過度な筋肉の緊張を生んでいる選手を多くみかけます。過度に筋肉に力が入っていたり、主動筋（意図している動作に作用する筋肉）と拮抗筋（主動筋と相反する筋肉）両方に力が入っているような状態です。

例えるなら、推進力を生み出す主動筋のハムストリングで「3」の力と、対して拮抗筋である身体をストップする大腿四頭筋で「2」の力があるとします。この時、本人的には推進力の「3」の力で走る能力があるにもかかわらず、拮抗筋の「2」の力が作用し、結果的に推進力は、3（主動筋）－2（拮抗筋）＝「1」になってしまいます。そういう選手はRPE（主観的運動強度）が高く、疲れやすいという特徴があるのも納得できるでしょう。最近では、リズムというものが心拍数や呼吸数に影響を与え、パフォーマンスに影響を及ぼすというような研究報告もされています。

このように身体のスピードといっても、今ある資源（身体）をいかに用いるかが、サッカーにとってのタイムロスをなくし、ひいてはパフォーマンスの維持に繋がると考えられ、それが速さ（早さ）になってくるということです。

2-6　頭（認知と判断）のスピード

プレー選択の思考・考え方が変わると選手は劇的に変化する

　続いては「頭のスピード」について考えていきます。私は一貫して思考することの重要性を述べていますので、本書でも極めて重要になってくる部分です。

　近年では、課題解決のプロセスを「認知→判断→実行」という過程で説明することが、一般的になっています。私が述べてきた「上手さ＝速さ（早さ）」という部分は、まさにこの課題解決のスピードを指しています。さらに前項でお伝えした「技術のスピード」「身体のスピード」というのは、先のプロセスの「実行」の部分の効率化を図るものと言えるでしょう。

　よって、この「頭のスピード」というのが「認知・判断」の部分を大きく占めることになると考えられます。サッカーで認知というと、情報収集力が鍵になります。その際、「いつ・何を・どのように見るか」ということが大切になってきますし、日本で指導者ライセンスを取得されている方でしたら、同様のフレーズを耳にしたことがあるかもしれません。

　ここで大切になってくるのが、先ほど（1－5／20ページ）日本とヨーロッパの子どもたちの違いで述べた、サッカーにおける「交通整理」の部分です。つまり、原理原則（規則性）を理解することです。サッカーは8人制でも11人制でも3ラインでシステムを表現することが多いので、自分のラインの選手よりも、前方のラインの選手（たとえばDFの選手だとMFやFW）にパスを出せる選手の方が、攻撃の展開を進めることができる選手であるといえます。さらには、DFラインからMFではなく、一気にFWにボールを供給できる選手は、サッカーの展開（局面）を速く進めることができる選手であり、「頭が速い選手」「試合で有効な選手」と表現できるのではないでしょうか。

　そして、そういった選手を注意深く観察してみると、ボールがない時に前線との「繋がり＝パスコース」を確認して、ポジションを調整しています。「首を振れ」「幅を取れ」「ギャップに顔を出せ」と伝えるのは簡単ですが、それは方法であり、前進・ゴールという目的を理解していなければ、本当の意味でチームに必要な選手とはなっていきません。

　近年の「ポゼッションサッカー至上主義」によって、さも華麗に首を振りながらボールを受け、さばいてを繰り返す選手がいますが、ほとんどが横パスかバックパス。結果として、あまりボール扱いが得意でない選手のところで、ボールを失ってしまう。

図10　「いつ・どこと・どうやって」サッカーをする？

選手 A が GK からボールを受けた時

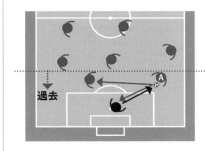

図のように GK を向いた状態だと、見えているものが「過去」（次の選択肢が、同ラインか GK へリターン）

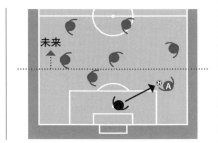

「未来」（MF もしくは FW）とサッカーをすることを考えたら、事前に取るべきポジションや体の向きが変わる。
考えて「前を見ようとする」。これが「攻める」選手

さばいた選手は失った選手を責める……。このような状況を皆さんも目にするのではないでしょうか。何が言いたいか、皆さんならもうおわかりだと思います。

　良い選手とは相手を「攻める」選手であり、速い（早い）選手です。

　このさばいていた選手は、ボールこそ失っていませんが、「攻める＝相手の背後にボールを運ぼうとする」こともせず、前方の味方とサッカーをする選択肢も持ち合わせていませんでした。

　しかし目的のためのヒントを与えてあげれば、それを掴み、目的（前進・ゴール）を理解し始めると、思考（考え方）に変化が生まれ、認知・判断が変わっていきました。

　彼に足りなかったのは「いつ・どこと・どうやって」サッカーをすることが「攻める」

ことなのかということでした。考え方が変わることで「頭のスピード」の視点を持つことができたようです。

　やはり、「サッカーは思考＝考え方」だと改めて思わされます。目的が明確になったことで、考え方の整理整頓ができ、交通整理ができる選手に近づきました。

　クライフが言うように、サッカーという競技は、最後はボールコントロールだと思います。したがって「頭のスピード（認知・判断）」が上がり、目的が事前に整理されても、最終的に技術のスピード（実行）に時間がかかってしまっては、成功しないでしょう。そういう意味では、ボール操作に秀でている日本の子どもたちは、こうした交通整理（原理原則）を学んでいけば、世界のトップが取れる日も近いかもしれません。

2-7　少ないタッチがいつでも正しいのか？

タッチ数の変化による"スピード"の変化

どことサッカーをするか、見えているエリアという観点で頭のスピードを考えてきましたが、もう1つ「頭のスピード」について考える際に意識したいのが、タッチ数についてです。近年「止める」「蹴る」という言葉の浸透や、バルセロナを中心としたポゼッションサッカーの隆盛により、先の「技術のスピード」という部分への関心は、かなり高いと感じます。ただ、考えてみて欲しいのが、「止める」「蹴る」という技能は、「止める」と「蹴る」という2つの動作が含まれており、どんなに効率化が進んでも最低2タッチで、コンマ何秒かは足下にボールがある状態、つまりは球際を作られる可能性がある状態ともいえます。これは守備側からすれば「攻める」（ボールを奪う）チャンスです。

そういった意味では、本当の意味で一番速い（早い）のは、「止めない＝1タッチ」ということになります。ここまでは、簡単に想像がつくと思います。

しかし、気をつけないといけないのが、「目的のない1タッチ」「ダイレクト至上主義」です。私は常々、思考が大事だと伝えてきました。要は、目的のある1タッチを

するためには事前に、「どこに、どういう意図でボールを蹴りたいか」というプランがないといけません。つまり、頭のスピードと大きく関係してきます。

ボールがきてからプランを考えるような選手は、目的のない1タッチ、つまりは「パス」ではなく「キック」した状態です。パスは、受け手がいるのでパスといえるでしょう。頭のスピードを上げるために、常に1タッチのパスコースを持っておくように指導していくことは大切だと思いますが、必ず1タッチでプレーしないといけないわけではありません。判断は選手のものだからです。

熟練者は「決定→変更（判断）の時間が短い」

私の尊敬する友人に、そういった研究をしている者がいます。被験者（選手）に連続して4vs2の写真を見せるのですが、最初は間のパスコースが空いていて、いわゆる「門を通せる状態」です。しかし、連続写真のどこかでそのパスコースが閉じて、「門を通せない状態」になります。それを認識できた瞬間に手元のボタンを押します。そして、また連続写真が続いていく間で門が開いたら、またボタンを離す……そんな実験です。

「NO-GO（ノーゴー）課題」と呼ばれる、

図 11	上手い選手の思考

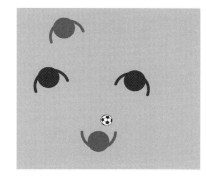

先が見えている

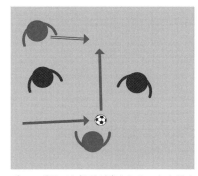

ボールがきても相手が変化しないなら通す
（無駄はいらない）

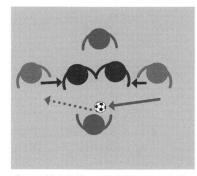

ボールが来る過程で、相手が変化したら別の
選択肢に変更できる（タッチ数が増えても、
それは無駄とは言わない）

ボールの動き ➡ 　人の動き ⇒ 　ドリブル ••••▶

脳の運動制御の課題を応用したものですが、この実験で、熟練者の方がボタンを押す反応が早いという結果が出ました。つまり、熟練者の方がギリギリまで相手を見てプレーの選択を変更できる可能性が高いということです。

　これを、これまで話してきた頭のスピードで当てはめてみると、熟練者は事前に情報を得ることに優れていて、１タッチでパスができる選択肢を持っている場合が多い。１タッチということは、球際ができないので守備者は何を考えるかというと、パスコースを察知して遮断しようとします。ここで熟練者は、自分を制御できパスを止める判断ができる。それに対し、非熟練者は制御できず、パスをして引っ掛けてしまう……。

　こんな光景をよく見かけませんか？

　これが先ほど述べた「目的のない１タッチ」「ダイレクト至上主義」のチームの弊害です。相手パスコースを遮断する守備をしているということは、要は自分の足元は空いているわけです。しかし、練習メニューが１タッチ制限であったり、常日頃からダイレクトが良いというような伝え方をしてしまっていると、勘違いが起こってしまいます。

　上手い＝速い（早い）となってくると、守備も賢ければ先回りしてパスコースを遮断します。そこを判断してプレーを変更できるか、つまり熟練者は、ギリギリまで相手を観察でき「決定→変更の（判断の）時間が短い」ということです。

　１タッチ目から選択肢が持てるよう事前に情報を得て、なおかつ、それは前方の選手（FW）から考える。そして、パスの移動中に相手の状況が変化して、その選択肢が利用できない時は、ボールをながら判断を変えていく。その場合、２タッチ以上のプレーになりますが、相手を見ながら１タッチから２タッチや、ドリブルへと変更していく選手と、最初からドリブルしようと考えている選手、結果としてどちらが相手に球際を作られそう（「捕まる」と表現することが多い）かは、すぐにわかると思います。

　私はよく、ボールが止まらずに、体との位置関係を調整する、必要以上のボールタッチを「時間の無駄使い」と表現します。しかし、相手を見ながら対処し、ボールタッチ回数が増えるのは全くもって「無駄」ではありません。

　面白い話があって、海外の指導者に知り合いが多い友人話では、海外の指導者は「適切なタッチ数で」と言う表現を使うそうです。まさに目的が実行できるなら無駄はいらない。目的はあくまでボールをゴール方向に近づけること。適切なポジションが取れていて、判断・技術（実行）が正確なら、そこまで無駄なタッチ数も増えないでしょう。

　日本人は真面目なので、メニューのルール（方法）を守ることが目的となってしまって、変更のプランが見つかってもいないのに、パスではなく、キックになってしまうことが多いので注意が必要であると感じます。

2-8 速さと早さのまとめ

相手と自分の速さ（早さ）を コントロールする

近年、世界的に結果を残しているチームは「前線への侵入」が速いことが共通しています。つまり展開の速さが重要視されているということです。CL で優勝したバイエルン・ミュンヘンやリバプールなどは、身体のスピードだけでなく、チームとして前方への推進力を重視しているようで、それにより選手が迷いなく前方にスプリントしている印象を受けます。

この「迷いなく」という部分が、サッカーを速くする 1 つのポイントだと考えます。技術が正確になり、それによってタイミングが共有できれば、身体のスピードを効率よく発揮できます。その認識を持つことで、相手の背後に侵入する時間や回数も変わってくるでしょう。指導者は、選手にあれこれ伝えすぎて、迷わせては意味がありません。極論を言えば、「選手の邪魔をしないこと」が大切なのです。

サッカーは速さ（早さ）が重要という例をまとめると
・技術→1 回で止める（整える）・運ぶドリブル・パススピードを速く
・戦術→前方の選手との繋がりを考えたポジショニングにより、展開が速くなったり、

「止めない」ことが可能になったりする
・フィジカル→スプリント・自分の全力で走るスピードとボールを一致させる
・メンタル→迷わない・判断と変更

という具合に、細分化されるサッカーの要素の中でも、それぞれにサッカーを速く（早く）する術があります。

これらを踏まえて、最後にもう 1 つ別の視点を伝えておきましょう。ここには重要な視点が抜け落ちていました。それは、
「サッカーは相手とやるスポーツであり、相対性の高いものである」
ということです。

つまり、自分たちを速く（早く）することはもちろん大切ですが、「相手を遅くする（早くさせない）ことができれば、結果として自分のほうが早くなる」という視点です。

例えば、先ほどの説明から考えていくと、相手守備者に前方のパスコースを狙っていることを暗に気づかせます。相手守備者はボール保持者にアタック（攻める）したいのですが、まずパスコースを遮断しないと次の局面に進まれてしまいます。結果的に守備者のベクトルはボール保持者ではなく、コースに向きます。そうなると理屈的には保持者はフリーとなり、守備者にアタッ

図12　身体とボールの関係

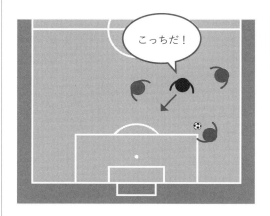

**体の向きで
明らかにパスをする状態**

パスコースを狙って動ける

**パスもドリブルでも
何でもできる整った状態**

このボールの持ち方をされたら
どっちに動くか、蹴るかわから
ない……
↓
動けなくなり、狙えない

**相手の予測に影響を
与えることができれば
（相手が迷う）
相手は早く（速く）
ならない！**

クされていない状態になります。

　また、このパスコースが１つであるなら、パスコースを遮断した後にボール保持者にアタックすることができます。しかし、パスコースが２つ以上、左右に存在した場合には、守備者は片方を遮断すると、片方を大きく空けることになり、うかつに動けなくなります。

「動けなくなる＝スピードが遅くなる（早くならない）」ということです。そのためには２つ以上のパスコースに、パスを出せる身体とボールの関係性（何でもできる位置、整った位置）を小さな頃から意識して、自分のものにしていく必要があります。同時に、サポートする選手のポジション取りの原則として、１人目と別の角度にポジショ

ンを取ることであったり、ドリブルのコースとは反対側にサポートすることが考えられます。そうなると、守備者は対処しないといけないものが2つ（2方向）存在し、うかつにボールを狙えなくなり、迷いが生じてしまいます。

　実は、「ポジショナルプレー」と呼ばれるものは、この考え方を利用しています。相手の間にうまくポジションを取ることで、左右に相手がいる状態にする。

　相手がどちらかにマトを絞って動いたら、その歪みを利用して空いたところを攻める。相手が動けないとみるや、正確な技術（ボールの移動時間だけでは捕まえることができない）でボールを前方に侵入させていきます。

相手との駆け引きとは

「自分たちを速く（早く）すること。それと同時に、相手のスピードを上げさせない（速くさせない）こと」

　プロ選手になってゲームメーカーのポジションで何年も活躍する選手には、この能力を持っている人が多いと感じます。

　行きたいけど行けない、行くとそれを利用されてもっと危ない状況になってしまう。そうなると飛び込めないので距離を詰められない、結果としてシュートを打たれたり、長いボールを出されたり……。個人的に印象に残っているのは、大学時代に日本代表（ジーコJAPAN）と練習試合した時、藤田俊哉氏（当時ジュビロ磐田／現・JFA技術委員）がまさにそうでした。

　近年は、アスリート能力が高いチームが好成績を上げているため、自分たちの能力

（走力）で早くより速くすることに目がいきがちですが、こういった相手を遅くする（速く／早くさせない）視点も忘れてはいけません。この相手との騙し合いこそ、育成年代で経験し、身につけてほしい、サッカーの魅力の1つではないでしょうか。

　もちろん、自分たちを速く（早く）することも間違いなく重要です。つまり、どちらが正解ということではなく、指導者がそういった側面を正しく理解し、目の前の選手が上手くいく、成長していく、すなわち結果としてよりサッカーが楽しくなり、好きになってくれることが大切だと感じています。

　当たり前ですが、育成年代の選手は完全体ではありません。その中で、指導するときに劣ったところに目が向いて指導しがちです。本当は自分を速くするよりも、相手を止めてしまう（遅くする）能力に秀でているかもしれません。

　U-12年代では、少し早いかもしれませんが、U-15年代やU-18年代くらいになれば、このような視点を理解させて長所を伸ばす、短所に向き合う。それらも選手自身が自らをプロデュースしていくべきです。そうすることで、ベクトルが自分に向き、「どうなりたいのか」あるいは、「どうなれるのか」を自ら考えられるようになれるのではないでしょうか。

2-9　優位性①　─数的優位─

技術と戦術は、異なるが切り離せないもの

「育成年代は技術重視だ、戦術は技術が身についてからだ」

そんな考えは成立しないのはご理解いただけたかと思います。

技術というと、どうしてもボール操作がクローズアップされがちですが、技術（こういった場合は主にボール操作、身体操作を指すことが多い）は、目的を遂行されるために行われるものです。目的を早く遂行することが、上手いと考えるのなら、究極の技術はどんどんシンプルになってきます。逆にいうと、シンプルであるが故に、ごまかしがききません。

つまり、技術や戦術は、本来セットで考えられるべきものです。もちろん、発育発達の観点から考えて、この年代でボール操作技術を高めていくことはとても理にかなったことです。

戦術は戦う術と書くくらいです。考え方の根本は、「チームで何かしましょう」というだけでなく、「チームの目的を遂行するために、各自が持っている能力の中で最大限チームの利益になることも考える」こと、あるいは、「不利益にならないことを考える」のが出発点です。

ですので、例えばU－12年代で学年ごちゃ混ぜの試合をした際、年下の選手が、学年同士の試合では中心のように振る舞うのに、この試合ではすぐに年上の選手にボールを渡してしまうとする。

ここで、なぜそのプレーを選択したかを、しっかりと観察してみてください。ビビってしまって全く相手を攻める意図がない（パスした後も意図的に動きで相手の背後を狙ったりしていない）のであれば、何か変わるよう促してあげる必要があると考えます。しかし、相手との力関係を考え、足下にボールがある時間を減らして、ボールを持てる選手に渡し、自分は次に受けられるポイントを工夫しているようなら、それはもう立派な戦術です。

「年上とやってもプレーを変えるな」という檄をたまに耳にしますが、何が起こっているかをしっかりと見ることが大切です。

そこで現象を整理する上で、何を見るかを整理しましょう。

サッカーは偶然性の高いスポーツですが、上手くいくプレーには再現性があるといわれています。そして、その再現性のあるプレーを分解してみると、そこには数的優位や位置的優位など「優位性」というものが存在します。つまり、その再現性の高さは、優位な要素を選択し、判断したことで、失敗要素が少なくなりうまくいったということです。

図13 数的優位

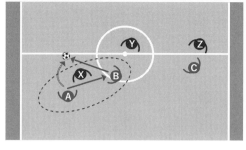

A は自分のマークである守備者 X を突破するために、B を利用した（点線の「眼」で考える 2 vs 1 ができる）

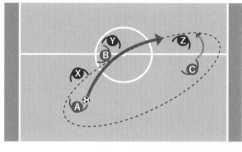

A は C をマークしている Z の背後を攻略することを考え、C が Z の背後でボールを受ける（点線の「眼」で考える 2 vs 1 ができる）

ボールの動き ➡ 人の動き ⇒

数的優位とは？

そこで「優位性」についていくつか例にとって考えていきたいと思います。

１つ目は、最も馴染みのある「数的優位」という考え方です。

例えば、システム上では３－５－２のチームと４－３－３のチームでは、MF は５人と３人なので５人のチームの方に分がありそうに感じます。試合前のメンバー表などで、今日は中盤で数的優位になりそうだな、などとある程度プランを持つこともできるかもしれません。また、SB（サイドバック）が SH（サイドハーフ）の選手を追い越し

ていく際に「２ vs １を作れ」というような指示もできるでしょう。

前述したように、数で上回ると、相手は理屈上カバーできない場所が発生するので有効です。ボール保持者ではない選手がボールに関わり続けるという意識づけにも有効でしょう。ただ、気をつけないといけないのは、サッカーは退場者がでない限り、ピッチ上の人数は同じです。つまり、後の章で抑えていきますが、フィールドのどこまでをどのように切り取って数的優位だといっているのか、その「切り取る眼」が非常に重要になります。いうならば、切り取り方次第では「自分を（数に）入れたら、常に２ vs １」といえるのです。

| 図14 | 位置的優位 |

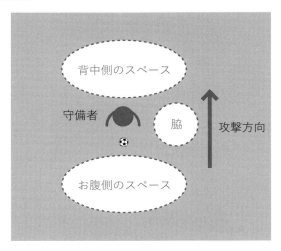

位置的優位とは？

次に「位置的優位」という考え方です。これは近年馴染みのある言葉になっている「ポジショナルプレー」に大きく関係しています。

相手守備者を、ゴールに向かう時の邪魔する「壁」だと考えた場合、壁の手前側と奥側のどちらでボールを受けられたら良いかと考えると、それは奥側であることは間違いありません。それは相手守備側も同じで、背後に出させないように警戒したり、後ろの選手と協力して、奥側のスペースを狭くしたりします。

そもそも最終ラインはオフサイドもあります。かといって手前側でもらうことしか考えていなければ、相手選手もいるためボール操作が相当なレベルになければいけませんし、相手に球際を作られがちです。

そこで重要になってくるのが、相手の「脇」という考え方です。

相手の脇でボールを受けることができれば、オフサイドなく背後に侵入できますし、両脇を位置取れば、相手はうかつに狙いをしぼれません。ポジショナルプレーの「5レーン」の考え方や、「ハーフスペース」SBの「インナーラップ」など。まさに、この位置的優位を利用したプレースタイルであると表現できます。

ただ、これも気をつけなければいけないのは、ボールを受けた時に相手のスライドが間に合わない本当の「脇」のポジションで受けることができているかということです。そのためには、「止める・蹴る」といった技術のスピードを向上させることと、相手守備者の両脇に出せますよ、というボール保持者のボールの持ち方で、相手守備者の移動スピードを上げさせないことが求められます。

2-10　優位性②　—体勢優位—

〔　**体勢優位**　〕

この項では、「体勢優位」について考えていきます。「体勢優位」＝身体の向きに関してです。

パスを後方から受ける際に、受け手はボールの方に身体を向けてしまうと、ゴール方向に出たパスに対して、ターンしてから走り始めることになります。相手も同条件ですが、マークの原則から考えると、相手の方がゴール側に立つので、よほど足の速さに差がない限りは、なかなかそのパスは通りません。

リレーを想像してもらうとわかりやすいと思いますが、子どもたちのリレーはバトンをもらう人が、走ってくる人の方を向いて、必死に叫んでいる光景を頻繁に目にします。その場合、バトンを受け取ってから、ターンして走り始めるので、バトンパスで大きくタイムロスしてしまいます。

しかし、熟練者になるとある一定の位置まで確認したら、バトンをもらう人は前を向いて走り始めます、自分の準備です。あとはそこに走者が合わせてくるというイメージです。

サッカーにも同様のことが考えられます。位置取りで背後が取れた場合はそこまで影響しませんが、最終ラインはオフサイドがあるので、相手の背後にポジションは取れません。守備者は、常に相手が見える位置にポジションを取り、パスの移動中に少しでもプレッシング（攻める）にいきたいので、ゴールを背にして相手の方に走り出せる身体の向きになっていることが多いと思います。なぜなら、守備者の目的はマーカーにプレッシングへ行き、ボールを奪う（攻める）ことだからです。

では、パスの受け手の目的は何でしょうか？　それは、相手の背後を取り（攻め）、その先にあるゴールを奪うことです。オフサイドがあるために相手の背後にポジションは取れないため、せめて背後に出たボールに対して相手より先に触れるように、自分はあらかじめスタートを切れる状態にしておきます。なぜなら、それが攻撃の選手の目的だからです。

さらに、守備者の視野の中で体勢優位を意識すると、体が前方を向くことで守備者を感じることができるようになってきます。後ろからくるボールに対してボールに身体を向けてしまうと、守備者に背中を向けてしまうことになります。これでは相手の状況はわかりにくく、相手の方が有利な状況でしょう。自分は相手守備者が見えていないが、相手守備者は自分が見えている状態です。

この「見る」「見られる」の関係性が、「攻

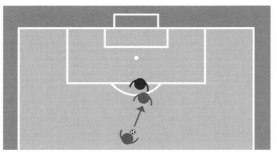

図15	体勢優位

ヘソがボール方向を向いている

相手が見えづらく、相手に見られている
（ボール操作は簡単にできる）

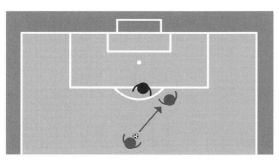

ヘソがゴール方向を向いている

相手が見えるようになり
「背中」や「脇」を取りやすい
（ボール操作は難しい）

だからボール操作（止める・蹴る）の質を向上させるための練習をする

める」を目的としたサッカーではとても重要になります。もちろん、攻守ともに一番良い状態は、自分には相手が見えていて、相手は自分を見えていないという状態です。しかし、最終ラインはオフサイドがあるので「見られない」というのは難しいため、せめて体勢を工夫して相手を「見える」ようにしておけば、いつ背中が取れるのかというのが認識として蓄積されていきます。

ですので、私は常々、攻撃の選手には、「相手を見る選手と、相手に見られる選手、どっちが良い？」
と尋ねます。

勘の良い選手は、それだけで体勢を工夫するようになりますから、子どもの可能性は本当にすごいなと驚かされます。

ボール操作が得意な日本の選手は、FWの体の向きが、パスの出し手の方を向いていて、CB（センターバック）に見られながらプレーすることが極めて多いです。

それに対して、世界的に有名なFWは全員と言っていいほど、相手の視野の中にいても、相手の方に身体を向け
「見られているけど、見えている」
状態を作っています。

そして、相手守備者がボール方向を向い

ていた場合などには、その反対に動き出し、こちらからは相手が見えた状態のまま、オフサイドにもならずに、相手の視野から消えます。そして、自分はゴール方向に体が向いている、「体勢優位」な状態でボールを受けてしまうのです。

もちろん、常に体が前方に向いた状態でボールを受けようとすれば、より高いボール操作の技術が必要になります。いろんな方向からボールを受けているつもりでも身体がボールの方に向いていれば、自分中心に考えればボールは常に前から来ることになります。体勢優位を理解すると、身体の向きがゴール方向なので、まさに色々な方向からのボールを扱う技術が求められます。

考え方・思考が変わると判断が変化し、求められる技術の質も変わるというわかりやすい例です。

しかしながら、大人になってから、視野と身体運動の関係を変えるのは困難です。しかし、子どもたちにカラクリを説明すると、自らやり始め、あっという間に習得する選手が多くいます。技能の習得に適切な時期、いわゆるゴールデンエイジ（５歳から１２歳）に行うと、より効果があると経験からも感じています。

ただ、やはりこの体勢優位のボールの受け方も、目的（原理原則）をより速く実行するための技術であるということは指導者が意識しておく必要はあるでしょう。

Naito's labo ❷

サッカーにおける「センス」とは何か

　ここでは私が普段サッカーのどんなことを研究しているのかをお話します。私はサッカーの指導現場でよく使用される「センス」という言葉について、テクノロジーを用いて解明する研究を行っています。

　サッカーの客観的評価といえば、チームにおいては「シュート数」や「ポゼッション率」が挙げられます。選手においては「走行距離」や「速度」で示すことが一般的です。しかし、私は、現場での指導経験から、サッカーなど混合型（フィールド内で両チームの選手が入り乱れる）の集団競技においては、相手との駆け引きが重要であり、数値のみで評価することは、現場にとって有用ではないのではないかと考えています。

　なぜならサッカーでは、個人やグループによって生じる"相対的な速度差"が極めて重要だからです。ポルトガル代表のコーチングスタッフを務めたこともあるフリオ・ガルガンタ氏によれば、サッカーは「いつ速さを発揮するかが重要な競技である」と述べており、どれだけ速いかではなく「効率性・効果性が伴うプレーができるかどうかを取り上げるべきである」と主張しています。つまり、本書でも指摘しましたが、サッカーにおけるスピードというものの考え方を、自分（たち）を速くするというだけでなく、いかに"相手を速くさせないか"を考慮すべきだということです。

　つまり私は「サッカーの名手と呼ばれる選手たちは"相手を遅くする"ことを体得している」と考え、それが「センス」と呼ばれる言葉の根源なのではないかという仮説を立てています。それをテクノロジー（本研究では GPS を使用して数値を取得しました）を使って明らかにしたいというものです。

　この研究の独自性は、サッカーにおいて、測定が容易である選手個人の体力的特性のみではなく、相手守備者との駆け引きや、事前の予測や情報量などが競技レベルの差となって現れることに着目し、その能力を客観的な数値として測定する方法の作成に着眼した点です。

　選手を評価する際の指標として、相手選手への影響という視点は、重要性が明白ながら客観的な数値として示すことが困難であるという点から、あまり研究されていません。引き続き、研究を進めていき、サッカーの指導現場において「センス」という言葉で表現されるような駆け引きの質が客観的に評価され、その重要性を主張することができれば良いと考えています。

第 3 章

ゲームを分析する ―鳥の眼―

3-1　分析で、最初に見るところ

相手チームを俯瞰してみる（鳥の眼を持つ）

実際に試合の中で、どういった部分に注目して選手を観察していれば、成果や課題が確認できるのか、という観点から、試合の分析について考えていきましょう。

試合の分析というのは、「スカウティング」という用語を使いますが、利用する目的によって、何を重要視するかが変わってきます。

試合の際、最初にしてほしいこと（すべきこと）は、キックオフ時にザッと相手の形（システム）を見てみておくことです。欲をいえば、メンバー表の提出がある試合ならば、事前にメンバー表のポジション表記を確認しておいて、メンバー表に記載されている情報との誤差がないか確認してみてください。もちろん、相手がそれすらも欺いている可能性もありますが、サッカーは相手よりも多くのゴールを決めた方が勝利するゲームです。ゴールの位置は変わりませんが、そこに向かう道筋は、相手によって異なるものです。

いわば、試合前や試合開始時に、今から挑むべき目的地への地図を確認し、相手が攻めてくるであろう道筋を検討する作業です。その地図を元に、必要であれば自分た

ちも変化を加えていく。それがサッカーの面白さだと感じます。

特に、育成年代の指導者はこの変化を加えていく作業を、選手たちが自ら行えるように導くのが大切です。もちろん、試合が円滑に進む方法は１つではないでしょうから、選手たちが自らプランを主張するようになり、収拾がつかなくなるような場合は、指導者がプランを提示してあげたり、眼を揃えてあげたりする（「いつ・何を考え・どこを見る」か。チームの利益にどうつながるのかを理解させる）必要があります。

指導者がいつも戦い方のプランを提示していると、選手が主体的に物事を考えるという、サッカーにおいてとても重要な要素を、削いでしまいます。ただ、ピッチには事前に密になりそうな場所と、そうでない場所がシステムの組み合わせによって生じることがあります。それを事前に念頭に置く習慣は、指導者も選手自身も身につけておくと、損はないでしょう。

「無駄な戦いはしない」攻撃は「空いたところから侵入する」。守備は「侵入されないように空いた場所を作らない」というのが定石です。この部分を前章では「ヨーロッパの育成における交通整理の考え方」という表現を用いて説明しました。

実際、日本の子どもたちと海外に遠征に

図 16　鳥の眼

A のエリア
「FW を早めにサポートしない
と相手に囲まれる」

B のエリア
「早めにサイドから攻撃できた
らウチのほうが数が多いな」
・・・・・
などが考えられる

行くと、「自分たちのサッカー」という言葉で、戦い方の地図を持ち合わせていないと、せっかくの技術力の高さを使いこなせず、もったいないなと感じる場面を多く見受けられます。当然、戦い方の地図だけ手に入れても、それを実行する判断力・技術力がなければ、成功する確率は高まりません。だから、日本の子どもたちの平均的な技術力の高さから考えると、試合の全体像を俯瞰してみる絵（戦い方の地図）を想像する鳥の眼を持つ習慣を日常にすれば、もっと多くの成果を得られるでしょう。

また、先ほど伝えた「相手によって変化を加えていく」という考え方について私の場合、印象に残る特定のシーンが３回現れるとメモを取るなどして、自分の中で対応策をイメージしたり、選手に現象について

の気づきの確認や説明をしたりします。一度目は偶然の可能性もありますし、二度目を経験することで選手自身が考えて対応することもあります。でも、三度も同じような現象が起こる場合は、何かしらの変化を試みるといいでしょう。

もちろんこれは、指導している選手の修正力や理解力、指導しているカテゴリーにもよるでしょう。助言により選手が迷ってしまっては、それこそ本末転倒であり、サッカーの上手さ＝速さ（早さ）の逆になってしまいます。ですので、そうならないために日頃のトレーニングで指導者の言葉が「集団の共通語」になるような働きかけが大切です。

3-2　密度とインテンシティ

最前線の選手と最後尾の選手の「距離」に注目

　私が実際に試合が始まってから行う作業は、相手のシステムの確認後しばらくは試合を観察することです。3回気になる現象が……。という話をしましたが、まずは子どもたちが主体的にプレーすることが大切です。特にU−12年代の指導者は、トレーニングで選手たちに、自身のマインドをいかに落とし込めるか（子どもたちが、教え込まれているという意識がなければより素晴らしい）に力を注いでください。

　試合が2〜3分進んでいくと、試合の様相がおぼろげながら見えてくるでしょう。子どもたちが難しそうにプレーしている時は、最前線の選手と最後尾の選手の「距離」に注目するようにしています。インテンシティの項でもふれましたが、試合中の多くは、最前線と最後尾の選手の間のエリアでプレーが行われます。そのエリアを密にすることで、インテンシティは上がります。そうなってくるとボール保持時は「技術のスピード」「頭のスピード」の要求レベルがグッと上がります。ですので、攻撃時には、最終ラインの選手はしっかりと深みを取る。最前線の選手は、背後に抜けたりして相手にインテンシティを上げさせない工夫をする。逆に、守備時は、最前線と最後尾の選手の距離を狭くすることで、そのゾーン間でのインテンシティが上がるように工夫をして、相手のボール保持を困難にします。

　ただし、相手の最前線の選手に、自チームの最後尾の選手がラインを上げて高さを揃えると、自チームの最後尾と自チームのGKの間のゾーンが空いてしまうので、常日頃からGKにもゾーンの意識付けをしておくか、DFラインにスピードのある選手を配置するのも1つの策でしょう。逆に、よく大人のサッカーで「リトリート」という表現でみられますが、最前線のスタート位置を少し下げることでゾーン間に密状態を作り出す方法もあります。

　あくまで、これは子どもたちが難しそうにプレーしているときに行うということです。インテンシティが高い中でボールを失わず、なおかつ相手を「攻める」ようになることができれば、それは「技術のスピード」と「頭のスピード」の必要性に気付く絶好のチャンスです。ただ距離を縮めることだけが目的になってしまうと、賢い選手はその密集の中では戦わず、相手にしない戦法をとってくるでしょう。ピッチのサイズは変わらないので、どこかを密にするということは、どこかが空きます。選手たちがストレスなくプレーできているのであれ

図17　密度とインテンシティ

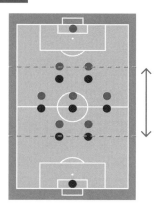

密度が高い（インテンシティが高い）

前線から最後尾までが狭い

攻撃
- 頭（アイデア）が早くないとつかまる
- つかまる前に渡す（パス）ことができるといけない（技術のスピード）。
- ＊密集を抜けるとチャンス

守備
- 密集になることでチャレンジ＆カバーがしやすくなる
- 守備のアタック回数が増える
- ＊密集で抜かれるとピンチ

密度が低い（インテンシティが低い）

DF ラインを深く取ったり、FW が裏を狙ったりして
相手を広げる

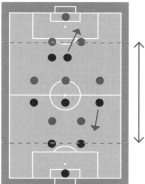

攻撃
- 考える余裕ができる
- コントロールする場所が多い（技術的負担が下がる）
- ＊どう崩すか意図を見つけにくい

守備
- アタックに行きづらい
- ＊奪いどころが見つけにくい

ば、是非彼らの感覚でプレーさせてあげてください。

最前線の選手のヘソの向き

　もう1点、早い段階で確認するとしたら「最前線の選手のヘソの向き」です。サッカーは先述したように「相手より、より多く得点を奪う競技」です。しかし、「相手よりボールを保持する」ことに重点を置いてしまうチームが多くみられます。そうなると、相手にボールを取られにくいような

パスの選択肢となり、横パスや後方へのパスが増えます。それよりも「最前線の選手から考える」というのは、頭のスピードを速めるのには重要なフレーズだとは思います。しかしながら、「最前線の選手」が主たる目的ではなく、あくまで真の目的はその先のゴールなのです。

　そういった意味でも、最前線の選手が相手の組織を破るため、相手ゴールへのボールの流れを止めてしまわないように、「最前線の選手のヘソの向き」がどちらの方向に向いているか、チェックしてみましょう。

3-3　前後左右の選手の距離

オセロ的思考の攻撃ポジション

　インテンシティのレベルが、密集の状態の程度によって変化するのであれば、前後の距離間だけでなく、左右の距離間も影響してくるのではないかとお考えの方もいるかと思います。もちろん、左右でも同じような話ができないこともありませんが、ここでは左右の距離間やバランスに関しては、別の表現を用いて説明します。

　それは、「オセロ」と「1・2・3の位置」というものです。
「オセロ」は、皆さんがご存じの相手の駒を挟むと色が変わるゲームです。

　今回は、色の変化ではなく、駒を置ける場所に注目してください。オセロでは同じ色の周囲には、同じ色が置けないようなルールになっています。これは「レーン」（縦線）の考え方にも当てはまるものです。横の位置関係に味方ボール保持者がいたら、すぐにレーンで考えて相手を挟む位置にスライド（相手と同じレーンには立たない）するように促します。そうなると、遠い位置の選手は挟めず（図でいう逆サイドの8番の選手）、余る場合があります。その場合、余った選手を1つ前のライン（未来）に押し出していきます。大人のサッカーでは「ローテーション」と表現される現象です。

　ただし、これはある程度ボール状況が安定している、または安定するであろうという予想のもとに取り始める立ち位置です。

　なぜなら、オセロの考えのように、相手をレーンで挟む位置取りは、ボールがレーンの移動中にインターセプトされるリスクと同時に、いわゆる"横パス"をカットされ一気にカウンターのピンチになることもあるからです。

　ですので、ボールを奪った瞬間など、ボールが安定していない状況の場合はまず、「1・2・3の位置」という言葉を使って、立ち位置の整理を促すようにしています。

1・2・3の位置

　1の位置というものは、まずはボール保持者が相手につかまりそう（攻められそう）な場合の緊急避難場所のことを指し、レーンなどを考えるより、まずボールを安全に受けてあげられる位置であり、同レーンになることが多いです（横パスがカットされると危険なので、少し前後の段差をつけるよう促します）。3つの位置の中でも1番距離が近いものになります。

　2の位置というのは、相手のライン間の「ゾーン」です。そこにボールが入ることによって相手組織の視野がバラバラになり、ボール保持側のチームが外側から「相

図18 オセロ的思考

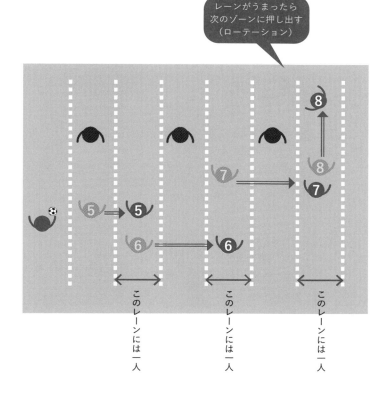

レーンがうまったら
次のゾーンに押し出す
（ローテーション）

このレーンには一人

このレーンには一人

このレーンには一人

同じレーンに入らないように、うまくローテーションして
相手守備者をレーンで挟むことを意識する

手を見る」ことができる状況を作り出せま
す。近年のボール操作技術が上がっている
サッカーにおいて、この相手を「見て」サッ
カーをするのか、相手に「見られて」サッ
カーをするのかというのは非常に重要な要
素となります。

3の位置というのはピッチの1番外側で
す。相手組織の外側だけでなく、ラインいっ

ぱいに立つことで、ずっと相手組織を「見
て」サッカーができることになります。一
方で、相手守備組織の外側だけを意識しラ
インいっぱいに広がらない場合、外向きの
ボール（ライン側へのパス）には相手に背
中を見せてボールを追うことで「見られて」
しまうことにもなりかねません。この3の
位置に選手がいることで、組織（チーム）

としては相手を「囲んでいる」ということがいえ、ピッチでのインテンシティの中における無駄な戦いを減少させることができます。

　反対に、相手がボールを持っているときは、レーンの間（オセロの位置）に相手選手に立たれないよう、レーンを狭くしたり、2の位置に立たれないようにゾーンを狭くしたりします。そうなると外側を大きく空けてしまいますが、意図的に空けている場合は、そこまで致命傷になることはありません。だから、これもどこを空けるかというのは、約束作りによって調整できるかと思います（わざとパスさせて、ボールの移動中につかまえるという考えもあります）。

　もちろん、サッカーは立ち位置だけではなく、最終的にはボールを足で扱うという

技能のレベルも問われますが、味方の位置や相手の位置から、自らの立ち位置を工夫する習慣作りが、「交通整理」と呼ばれる戦術的思考力の構築につながると考えています。

図19　1・2・3の位置

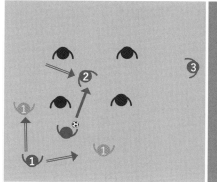

1→2→3の位置の順で必要性が高い
（ボールの位置が変わると役割も変わる）
1の位置→
物理的に相手の影響をうけない位置（距離や角度）
2の位置→
ここにボールが入ると守備者の矢印が内側に向く
➡外側がフリー（矢印が向いていない状態になる）
3の位置→
常に内側を向いてサッカーができると、「相手が常に見えていて、相手に見られない」状態になる

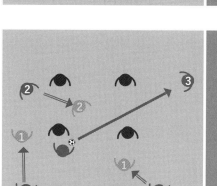

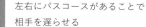

左右にパスコースがあることで
相手を遅らせる

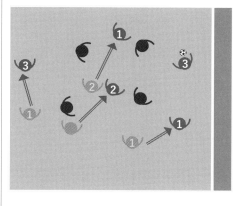

ボールの位置が変わると素早く1→2→3を作る（役割が変わる）

ボールを安定させたいエリア状況

3-4　水（ボール）の流れのスカウティング（分析）

ポジショニングと ヘソ（身体）の向き

相手に「見られる」か、相手を「見る」か、これが立ち位置を決める基本であり、個人としてもそうですし、組織としても同じ考えをすると、相手組織を「囲んでいる」と考えられます。

それには前項の「3の位置（ピッチの一番外側）」の選手の存在が重要であるといえます。しかし、全員が3の位置を意識すると、ボールの近くに選手が少なくなり、ボール保持者がつかまりやすく（攻められやすく）なります。だから、私は1→2→3という位置の順番で選択肢が決まっていくため、まず「1が居ないなら、1の選手を作ろう」という声がけをすることもあります。

SBとSHなどサイドにポジションを取る選手にありがちな問題で、3の位置の選手は最終的に1人さえいれば大丈夫なのです。SB、SHのどちらかには「積極的にボールに関わってみよう」と促しながら、「レーン」や「オセロ」の関係に落とし込んで説明していけるとよいと思います。

また、相手組織を「囲んでいる」という発想をする際には、ここまでに説明している前線の選手のヘソの向きが内側か後方（自陣ゴール方向）を向きがちなので、特に注意が必要です。

あくまでヘソの向きの考え方は、「ボールを安定させる位置取り」を落とし込むときによく使用する手法です。再現性の低い、つまりは不規則な要素が多いサッカーの中に、規則性を作って全員の迷いを取り除くと、サッカーを早くすることにつながるというのが目的です。

近年のゲームモデルやプレーモデルというのも、要は状況に応じてプレーの規則性を示すことで、チームの頭（思考）を整え、結果サッカーが速くなることが考えられます。

流れるようなプレー・ パスと比喩される真意

今度は、ボールの流れについて注目してみましょう。くり返しになりますが「サッカーの目的は相手よりも多くの得点を奪う」ことです。

ボールを液体として考えると、攻撃がうまくいっているかどうかの観点としては、淀みなくゴール方向に向かってボールが流れているかということです。

反対に守備はその流れをせき止めるのが目的となります。近年は、ボールを保持するということがクローズアップされがちなので、このボールの流れという観点で試合を見た時に、全くゴール方向に向かっ

図20 水（ボール）の流れ

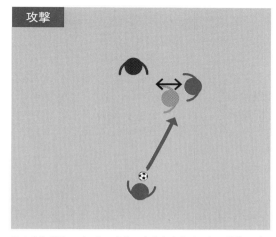

攻撃

この少しだけのズレと、身体の向きを変えることで前線にボールが入る（水が流れる）

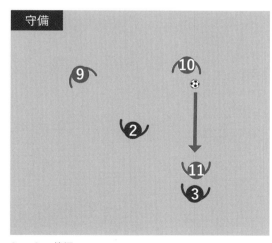

守備

2 vs 3 の状況

・2番の選手は本当（水をせき止めると考える）なら少し右に移動するべき
・移動すると左の相手9番がハッキリと空いて、侵入されてしまう（届かなくなってしまう）
・あえて相手11番にボールを入れるように導き、パスカットを狙ったり、入ったところで、後ろの味方3番と挟んで奪ったりする
・この場合は、動かないのも1つの案

てボールが流れていないことが多くあります。そうなると相手からしたら背後にいかれない（攻められない）ので、攻める（ボールにプレッシングにいく）チャンスなのです。

　ドリブルで運ぶにしても、パスをするにしても、前方に水（ボール）を流せるポジションでプレーをスタートさせることが、サッカーの速さにつながります。このボールを受ける前のポジションをよく「オフのポジション」と表現されるかもしれませんが、私は「頭のフライング」というような表現を使います。サッカーは陸上競技のように、一斉にスタートという競技ではありません。身体のスピードだけで勝負する必要はないと選手が理解すると、ボールの流れはスムーズになっていきます。特に、最前線の選手にこの考えを意識させると、チームのボール保持に「出口」ができます。

　逆に、相手チームがボールを保持している際は、まずは自陣ゴール方向に水（ボール）を漏らさないことが重要になります。近年はインテンシティという言葉が間違った解釈をされ、ただ激しくボールにプレスすることが目的となってしまっていて、肝心なところの蓋が閉まっていなく、水（ボール）が簡単に漏れてしまっているという状況も多くみられます。

　このように目的を整理してあげると、選手たちは自ら考えるようになり、悩みがなくなり、インテンシティ（強度）は上がってきます。「目的がわかれば身体は動く」、これが人間であり、サッカー選手であります。

　ただ、蓋をするということが、いつでも

動けばいいというわけではありません。逆に、動かないことで水を漏らさない状況もあるのです。動けない（動くのが遅い）のが、体力的要因なのか、迷いからくるものなのか、そもそも動く必要がある状況だったのか、その辺りを見極めるためにも、攻撃の際のボールの流れと守備の際のボールのせき止めを意識できるようになれば、また違った眼で現象が見えてきます。

3-5 育成年代はできているかではなく、決定・変更しているかが重要

> ### 頭の負荷のインテンシティを高めよう

　ここまで、分析の観点として、組織の全体像を俯瞰で捉え、相手の組織を3ラインとレーンで考えた時に、どこが密集していて、どこから前方のゾーン（未来）に侵入できるのかという「ゴールへの地図」を持つ習慣を身につけることが、サッカーにおける「交通整理」の理解を深めることにつながると説明してきました。

　しかし、もちろんサッカーは作戦ボードの上で行われているのではありません。事前に持ち合わせていた相手の情報が、いざ実際に試合が始まってみると違っているなどというのは日常茶飯事です。

　つまり、前もって情報を持っていることやプランを練ることは、確かにサッカーの速さ（早さ）というものに影響を及ぼすと考えられますが、相手がそのとおりとは限りませんし、相手も我々の対応を見て試合の中で変化することもあるでしょう。良い選手、良いチームというのは、そうなった時に新たな解決策を用いて、サッカーを楽しみ始めます。

　交通整理の考えを理解し、前方に侵入できそうな位置でボールを受けようとしても、味方との関係性から、実際にボールが来た時には侵入ができなくなっているような状況も少なくはありません。そうなると、プランを変更して、別のレーンから侵入するのも1つの手でしょう。相手を見ながら柔軟にプランを変更できる選手は、防ぎようがなくなってきます。

　しかし、指導者が中心となって、試合前に決定したプランしか実行できないようでは、サッカーの本当の魅力というものにたどり着くことは難しいでしょう。

　JFAが育成年代での少人数制のサッカーを推奨している理由の1つが、一人ひとりのプレー回数が増えることで、判断する回数が自然発生的に増加する狙いがあります。事前に「頭のフライング」で立ち位置を工夫し、なおかつパスの移動中に相手の状況が変化したら、それに対して別のプランに変更していく……。このような決定と変更の連続が絶え間無く繰り返されていくのがサッカーであり、それは誰かの指示を待っているようでは圧倒的に遅いのです。

　まさに上手い＝速い（早い）ということから考えても、指導者は選手が決定と変更の連続を自らの判断でストレスなく行えるように、日頃のトレーニングを工夫する必要があるのです。これが頭の負荷＝インテンシティとなります。

　頭でストレスなく決定と変更を繰り返すことができるようになったら、技術でも決

図21　意思あり or なし時間ドリブル

ドリブル中でも「意思あり時間」になっていますか？

意思なし時間が多いドリブル

１回のタッチで移動

移動中はボールの意思（方向）は変えられないため

意思なし時間が長い

意思なし時間が少ないドリブル

２歩に１回タッチができれば

ボールの意思（方向）をより多く変えることができる

➡相手は狙いづらく（スピードも上げづらく）なる

定と変更を繰り返せるようにしておく必要があります。簡単にいうと、誰かの足元にボールがなければ、プランは変更できません。

ボールポゼッションを10秒できたとして、5秒かかるパス2本でポゼッションした場合と、2秒かかるパスを5本つないだの場合とでは、後者の方が相手を見てパスの出しどころを変更することができる機会が多い分、相手につかまりにくいでしょう。

ボールの意思（方向）を変えることは、ボール保持チームに与えられた自由ですが、パスの移動中は（誰もボールの方向を変えられなく）それができないため、相手守備者と条件が同じになります。ボールの意思を変えられないパスの移動時間を減らすためには、パススピードを上げる。もしくは、パスの距離を短くすることです。しかし、パスのスピードが上がるとトラップが難しくなります。そして、ボールが足から離れすぎると、プレーの実行に時間がかかります。結果、プランの決定と変更の早さに対応できない選手（プレー）になってしまいます。

ボールの意思をいつでも変更できる位置に置いていることを「意思あり時間」。置けていないことを「意思なし時間」と表現します。この2つのボールの置き方では、もちろんいつでもボールの意思を変更できる「意思あり時間」を多く作れるボール保持方法を目指すべきです。

8人制のサッカーでは、判断を多く経験でき、相手や味方の目印（合図）から決定と変更が繰り返されます。よって少人数制のサッカーにおいて、選手は多くの判断を求められるため、まず「意思あり時間」を

多くできるボール扱いの技術が必要だと考えます。

ドリブルも、さわる＝身体から離れると考えると同じ理屈で、いかに「意思あり時間」でドリブル（2－5／37ページ参照）ができるかを意識すると、トレーニングで求める「質」が変わってきます。

特に日本の子どもは、ボール操作は上手なのですが、運ぶ（前方に推進力を持って出ていく）というプレーになると、途端に「ドリブルのスピードが遅くなる＝走っていない」か、「意思なし時間が多くなる＝身体とボールが離れてしまう」という傾向が見られます。メッシがすごいのは全力で走っているドリブルができ、なおかつ意思なし時間がほとんど無いところでしょう。そういった基準でトップ選手を見てみると、彼らの凄さが理解できます。

サッカーとはどんなスポーツなのか

サッカーを分析し、用語を整理する

ゲームを分析する —鳥の眼—

プレーを分析する —虫の眼—

トレーニングを計画する

第 3 章　ゲームを分析する —鳥の眼—

3-6　現代サッカーに求められる選手

> ### 個人の質＝戦術的思考力×技術力

　ここまで、この章では分析の観点から、サッカーの定石と表現されるような原理原則について説明してきました。ここでは、サッカーにおける「個人の質」を、主に頭のスピードが影響する「戦術的思考力」と、技術のスピードが影響する「技術力」という側面から観察することが多いですが、その関係性は足し算ではなく、掛け算のように感じます。

　どちらかが人よりも優れていても、どちらかが劣っていたり、ましてや全くその観点がなかったりすると、選手としては残念な評価を下されることがよくあります。例えば、技術力が優れた選手の評価が「8（10段階中）」あっても、戦術的思考力が全くない、つまり「0」であったとしましょう。そうなると、足し算ではなく、掛け算でその選手の評価が求められるため「8×0＝0」。サッカー選手としては「0点」の評価をもらうことが少なくありません。

　特に日本の育成現場では「テクニック重視」という表現が、前述の技術力（特にボール操作能力）に特化されることが多く、いつ・どこにポジションを取ってプレーを行うべきかというような「戦術的思考力」に

言及する場面がまだまだ少ないのが現状です。

　「いつ・どこで・誰と戦う（攻める）」ことが得なのかを考える「戦術的思考力」を「交通整理」と表現し、その重要性を説いてきました。ここまでの説明では、その戦術的思考力を、特に「組織 vs 組織」として捉えて、ピッチの全体像を俯瞰することで、試合開始時にこのゲームの「地図」を持ち合わせて試合に臨む。これらが、試合の現象を整理しやすく、分析が容易になるポイントであると述べました。

> ### トレーニングで
> ### 理解させることが大切

　自分たちの組織を3ラインとして考えるのなら、攻撃においては自分が属しているラインの選手よりも、前側のラインの選手とサッカーをしようとしているか、極端にいうと、最前線の選手からプレーを選択しているかどうか。逆に、相手の組織を3ラインとして捉えた場合は、次のライン間（未来のゾーン）への侵入を試みているかどうかに注目してほしいと思います。

　技術力のみで現象を追う方は「パスなのか。ドリブルなのか」と手段を指摘することが多いですが、手段ではなく、目的を見てみてください。上手さ＝速さ（早さ）ということが頭に入ってくると、自ずと方法

図22

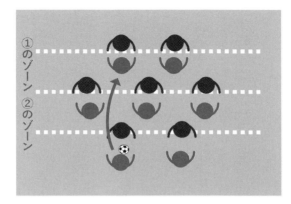

① のゾーン
② のゾーン

ボールを持った選手は、目の前の相手をパスで、ドリブルでと考えるのではなく
FW（①のゾーン）や MF（②のゾーン）とサッカーをするために（目的）、
どんなプラン（方法）を選ぶのか
極端にいうと目の前の相手は、相手にする必要はないかもしれない

どこかパスコースは
ないかな？　奪われ
るの怖いな……

たとえゴール前でも「攻める」（背後にいこうとする）をしなかったり、プランがなければ、
守備はボールにアタックする（攻める）チャンスである

に関する指摘も減ってきます。

　守備においては、ボールにアタックする（攻める）こともちろん必要なのですが、まずは、ボールの流れをせき止め、次のゾーンにボールを運ばせないということが目的になります。その攻撃の目的（攻撃は次のゾーン（1番前のゾーン）にいくこと）がプレーから、はっきりとしたプランが見つからない場合、守備側は最初の目的（次のゾーンにいかせない）が成立していることになりますから、ボールにアタックする（攻める）チャンスとなります。それを理解できたならば、自ずと守備のインテンシティは上がり、迫力のある守備となるでしょう。

　この現象・目的を日々のトレーニングで理解させることが大切です。そうなると、ボール保持側は思考する時間が欲しいので、守備のインテンシティを下げさせる必要があります。その場合は最前線の選手と最後尾の選手の距離間を広く取ったり、「1・2・3の位置」のポジションバランスを意識するなどして、ボールの安定を試みることが必要です。

　このように攻守において目的を理解し、それが遂行できるところにポジションを取り、遂行できれば遂行する。プランが浮かばなかったり、ポジションを取る前にボールが来てしまったりしたら、考え方を変更していく（例えば自分のやりたいことがない、もしくはできない）わけなのです。

　相手のしたいことをさせない（簡単にボールをリターンするなどして、ボールにアタックさせない（攻めさせない）など）という、相手を見ながら自ら決定と変更を繰り返せる選手が、8人制サッカーでも11

人制サッカーでも、変わらずサッカーが上手い（早い）選手であると表現できます。

　ただ、先ほど述べたようにもちろん技術力も重要です。この場合の技術力とは、プランを実行や変更するまでにかかる時間の短さ、無駄のなさを体現するためにボールを操作する技術のことです。その技術だけでなく、加えてその技術を使用するための「意図」が大切になり、前項では1つの例として「意思あり時間」に注目することをお伝えしました。

強豪・町クラブ監督にインタビュー①

回答者：
FCトリアネーロ町田
若山聖祐 監督

 11人制と8人制の違いは？

　違いは、JFAの話にもあるように、ゴール前での攻防が増え、シュートチャンスも増えたことでしょう。また、11人制に比べて、GKの重要性が高まりました。実際に全日本U-12サッカー選手権大会でも、フィールドでのプレーが上手いGKがいると、カウンターをくらうシーンも多く見られました。そのため、8人制になったことでGKの足下の技術がより求められるようになったと思います。

　GKだけでなく、8人制になって、センターバックのポジションであっても「組み立てる能力」や「運ぶ力」が求められるようになってきました。昔は、ヘディングで弾く能力や、ロングフィードなどの能力が求められていました。

　また、8人制になったことで、多くのプレーを水準以上でできなければならなくなったと感じています。昔の11人制では、一人ひとりの役割が明確だったため、ポジションのスペシャリストが生まれやすい状態だったと思います。8人制となると、守備のできない選手は厳しいです。11人制では、多少守備ができなくても攻撃で武器として活躍することができましたが、8人制になって、一人の責任が大きくなったため、守備もできないとかなり不利になってしまうと感じました。

　そのため8人制になって、守備の強度は上がり、総合力も高くなっていると感じています。

 8人制になって指導ポイントに変化は生まれましたか？

　守備面の指導が増えました。前述の通り、8人制の方が11人制に比べて守備能力は、必須事項になっていると思います。ポイントとしては、まずはボールを奪うことから指導をしていることです。

　攻撃に関しては、後ろの選手も攻撃参加ができるのが8人制の魅力です。トリアネーロ町田では、後ろの選手の攻撃参加を大事にしています。サイドバック、センターバックも攻撃参加できるため、そういった戦術面の思考もできるようになりました。11人制だと、

後ろの選手はゴールまで距離があるためシュートのチャンスがあまりありませんでした。8人制では、センターバック、サイドバックでも得点のチャンスが多くあります。

 ## 育成について日本サッカー全体の課題は何か？

個性のある選手が少ないこと。自由度のある選手が少ないこと。これは指導者の問題ではないでしょうか。世界的に総合力の高い選手が求められる時代です。しかし、ジュニア年代で平均値が高い選手を育てる必要性はそこまでないと感じています。私は、時代のニーズには合わせつつも、個人的には彼らには観客を魅了する選手であってほしいと願っています。

また、サッカーという競技の捉え方として、どうしても「グループ」から入っているように感じています。グループも大事ですが、私は、まず個人で勝てる選手が必要だと思っています。そのための8人制ではないでしょうか。日本は、まだまだチームプレーをベースにしすぎる部分があって、育成ではあまりよくないと考えています。

ジュニア年代でみてみると、守備を教えられる指導者が少ないと感じています。その結果として、身体の小さい選手が使われなくなっているように思います。守備は、ポジショニングや予測などを鍛えることで向上させることができます。しかし、そこを教えられないために、体が小さくて攻撃面でクレバーのプレーを見せる選手でも、冷遇されてしまっていることがあるのではないでしょうか。身体の大きい選手が自然と守備の能力が高く、自然と使われるようになっているように思います。

 ## 8人制サッカー専門の書籍や資格プログラムができることについて

8人制に変わったこと自体は良いことです。ただ、8人制のメカニズムやメリット・デメリットや、狙いに気がついていない人が多いと思います。特に8人制の狙いについて、発信することにより4種年代は向上していくでしょう。8人制サッカーについて、識者が狙いなど部分を他の指導者の方々に発信されるのはとても良いことだと感じています。

■チームDATA
FCトリアネーロ町田
設立：2016年6月
活動エリア：東京都町田市
主な実績：JFA 第44回全日本U-12サッカー選手権大会　優勝

第 4 章

プレーを分析する ―虫の眼―

4-1　原理原則に伴うプレーの選択

虫の眼の視点

　前章では、分析の観点を、サッカーの全体像から考え、ピッチを俯瞰して見たときに自チームと相手チームの相対性において、どういうことが予想できるのか、プランニングする術を考えてきました。

　「鳥の眼」のようにピッチを上からの視点で、サッカーを全体像で捉えることも大切です。しかし、分析はそればかりではありません。一方で、「虫の眼」のように、ボール保持者（もしくは守備者）からの、ピッチに立った視点でサッカーを理解していくこともとても大切です。

　全体像を見て、組織のことを理解するだけが「戦術＝交通整理」と言われると、そうではありません。個人から見える（考える）視点においても、理解すべき「交通整理＝原理原則」と呼ばれるものが存在します。

　それは 8 人制サッカーでも、11 人制サッカーでも変わらないことなので、この章では、ピッチ上の個人の視点から考えられる原理原則について、分析の観点を考えていきます。

　まず最初にサッカーの目的です。何度も言いますが、「サッカーは相手よりも多く得点を奪うというスポーツ」です。そして、ゴールは前方にあります。ボールを受けた時に、ゴール方向に相手がいなければゴール方向に向かうことが定石となります。

　パスが良い、ドリブルが良いではありません。ここに上手い＝早い（速い）という理屈を合わせて考えると、熟練者になれば事前に前方へのパスコースを探しておくでしょう。そうすれば、ボールを自ら運ぶ（ドリブル）よりも、パスして渡した方が早いのは、小学生でも理解できます。

　選手がこのカラクリを理解していないにも関わらず、「ドリブルするな、パスだ」「1vs 1 は勝負しろ」と言ったりしても、戦術的思考力は全く身につかないでしょう。そういった発言は状況に応じて正解が変わってしまうから、選手たちも「言っていることが変わる」というようになり、うまくいかないのを人や物のせいにするようになってしまいます。

　原理原則とは、多くの場面で当てはまる不変のものです。先述の状況でいうと、なぜパスをするのか、なぜ 1 vs 1 で仕掛けるのか、こういった「なぜ」を論理的にしたものです。

　例えば、相手と違うレーンに入ってしまえば、相手がいないためボールは前方に流れていきます。つまりそのレーンの中では「1 vs 0」なのです。それであれば、定石であるゴール方向へ向かうこと、つまり原

図23	目的はマークにつくことではなく ボールを塞きとめること

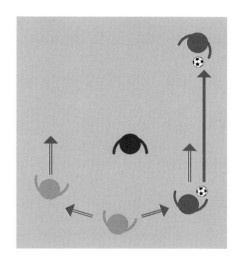

守備者はボールにいくよりも、ずらされないことが大切
攻撃はズレると侵入できる（水が漏れる）

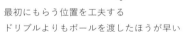

最初にもらう位置を工夫する
ドリブルよりもボールを渡したほうが早い

「強くいけ！」
「ドリブルするな！」
「パスしろ！」
選手の判断や決断を指導者が奪ってしまう

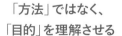

「方法」ではなく、
「目的」を理解させる

理原則にそくしたプレーを選択できます。

　その理解があると、チームの約束（システム）を守りながらも、個人の立ち位置（ポジショニング）が変わってきます。このわずかながら前後左右に相手からズレる発想と、その速さ（早さ）のカラクリを理解してポジションを取ることができたら、サッカーがより楽しくなります。さらに、必要なボール操作の「質」というものも理解できます。

　これらの3つの必要性である①ドリブルとパスのスピードの違い、②レーンで1vs0を作る、③ボール操作の質が理解できたら、サッカーが好きな選手は、何も言わなくても自ら練習し、選手としての質が上がっていくでしょう。何事も、やらされてはダメだということがよくわかります。

大事なのはボールを塞きとめること

　攻撃は1vs0を作って、ボールを前方へ流すと考えると、対する守備は、まずはボールの流れを塞き止めることができる位置を取るのが基本となります。流れを止められるのなら、奪う（守備における攻める）のも可能となります。

　攻撃よりも守備のほうがやらされているという観点になりがちです。しかし、ボード上で考えると、システムの噛み合わせなどによっては、前方に立つ（塞き止める）ことができない選手が発生します。そんな時に多いのが「いや、俺のマークはこの選手だから……」というような声ではないでしょうか。

　目的はマークにつくことではなく、ボールを塞きとめることです。ボールは1つし

かありませんので、どちらの選手からボールが侵入しそうなのか、ボール保持者の状況によっては、1人の選手にマークにつくことよりも、ボール付近のエリアのカバーをするほうが適切かもしれません。

「1人で2人（3人）を見る」「受け渡し」などの言葉を、理解が進んでいないのに方法だけ覚えてしまうのは、少々危険に感じます。

　攻撃はズレる、守備はズラされない、それは共に、ボール局面（自身がボールを保持しているか、パスの受け手となるか、自身がボールに最も近い守備者である状況）になった時に理解する必要があります。サッカーは基本同じ人数で行いますが、目の前に相手選手が必ずしも存在しているわけではありません。

　ボール局面になる際に、攻撃は相手がいないように、守備は相手がいるような状況にすることが大切です。それを理解していれば、相手とシステムが異なっていても慌てることなく対処できるようになってくるでしょう。

4-2　１対１の原理原則

相手を攻略する３つの方法

　攻撃の目的が得点を奪うことであり、その確率を高めるためには、ボールをゴールの近い位置へと運ぶことです。だとしたら、ボールを受けた時に近くに相手がいなければ、それは攻撃側にとっては何よりも好都合。つまり、相手との距離があり、相手と関わらなくていい場所でボールを受けることが基本となります。しかし、実際のところ、相手がいなくなるわけではないので、相手の視野から外れるように動いたり、味方からパスが出るタイミングを考えて動いたりします。さらに、自分は相手とどのくらいの距離を「フリー＝相手がいない」と感じるかは、自身のボール操作能力と、チームの平均的なパススピードにも関係します。

　相手はボールを前進させないようにゴール側に立つことが多くなるわけで、そこから相手を攻めて攻略すること（次のゾーン＝目の前の相手の背後）を考えていかなければなりません。その思考（攻める）がないままボールを受ける、あるいはボールを受けたのにその目的がなければ、守備者の格好の餌食になってしまいます。

　対して守備者は、この「相手の思考」を注意深く観察する必要があります。「ボール保持が攻撃、非保持が守備」とい

う発想ではなく、「攻めている」のか、「攻められている」のか、「攻めなければ攻められる」「攻めてこなければ攻めてしまおう」というマインドセットを持つことが大切です。

　もちろんそれはボールの流れを塞き止める守備の原則のポジショニングがあった上で、はじめて戦いが始まるということを忘れてはいけません。

　目の前の相手とのせめぎ合い、１対１という状態で、まずはボール保持者に注目して見てみましょう。具体的にいうと、相手を攻略する（ボールを相手の背後に進める）手段は３つあります。
①パスで相手の背後を取る。いわゆる「スルーパス」と呼ばれるプレー
②ドリブルで相手の背後に侵入する
③ワンツー
（厳密には、背後ではなくお腹側でボールを渡して自身がスルーパスの受け手になり背後でパスを受けるもの）

　③のワンツーは広く認知されていますし、言葉としても、視覚的にも選手に伝わりやすいので、これも１つの種類として考えるように伝えています。

　この３つができると、相手は狙いがしぼりづらくなり、勢いを持ってボールにアタック（攻める）することができなくなります。

図24　3つの侵入方法

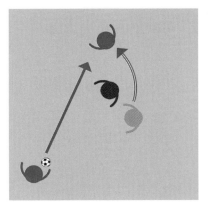

①スルーパス

受け手がタイミングよく守備者の脇や背後で受ける

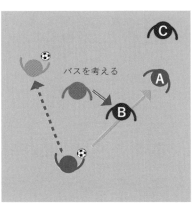

②ドリブル

相手守備者に味方へのパスを意識させる
相手が動いたスキに反対へドリブルする
（味方を利用する）

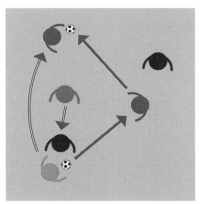

③ワンツー

相手守備者がアタックにきた矢印を利用して味方に渡して、リターンをもらう

逆を言えば、ドリブルしかしてこない選手やスルーパスしか狙っていない選手などは、相手にとっては対応しやすいといえます。もちろん、わかっていても止められないというくらい、プレーを磨くのは悪いことではありませんが、上には上がいます。

原理原則とは、多くの場面で当てはまる不変のものと前述しましたので、攻撃の際に成功するための不変のものというのは、〜をしなさいという方法ではありません。相手に狙いを絞らせない考え方と、ボールと身体の位置関係の作り方と表現できます。それゆえに、最終的な決定は、相手と味方のポジションや状況を見て選手自身が行うものです。

この３つを、状況を見ながら柔軟に使い分けることができるようになれば、そう簡単にボールを下げなくても相手を攻略できるようになってきます。

ポイントは、「自分以外の選手の存在を意識する、意識させる」ことです。それは味方と相手に対してです。具体的には、どの相手の背後に侵入しようとしているのか、そのためにどの味方を利用するかです。「使う」と書かずに「利用する」と表現したのは、図②ドリブルのように、右にいる味方Ａにパスを出そうとすると、守備者Ｂが右（味方Ａの方向）につられたので左側へドリブル突破しました。選んだ手段こそドリブル（単独）ですが、Ａを「利用した」ことになります。そして、Ａにも別の守備者Ｃがマークしていたかもしれませんが、ここではＢを攻略するという意図がありました。

つまり、フィールド上で選手が自由に入り混じるサッカーというスポーツにおいて、数（人数）の話は、切り取り方で変わってきます。誰を利用して、誰を攻略するか、「自分以外の選手の存在を意識する、意識させる」ことができれば、いつも２vs１、数的優位です。

さらに考えて欲しいのは、サッカーは退場者が出ない限りは同人数でやっているため、ボール付近に２vs１を作る（２vs１を認識する）ということは、他のエリアではどこかが数的不利になるということともいえます。つまり、２vs１で勝った（背後に侵入した）からそれでOKというわけではなく、その２人の選手たちは再び次のプレーに関わっていかないとチームとしては人が足りなくなってしまいます。プレーに関わり続ける意識、これが大切です。

4-3　局面の移り変わりを感じる

{ 2 vs 2 は色々な要素を含んでいる }

　誰を利用して誰を攻略するか、「自分以外の選手の存在を意識する、意識させる」ことができれば、いつも 2 vs 1 が作れます。

　気をつけなければならないのが、少人数のトレーニングになると特にボール操作のみで局面を打開できてしまうので、きちんと戦術的思考力に目が向く働きかけをすることが大切です。

　私はこの「虫の眼」と表現したような、選手の目線からサッカーを考えていく原理原則の理解を伝えるために、攻撃方向付きの 2 vs 2 のトレーニングをよく行います。ここには、前章でお伝えした「優位性」の話が大きく関わってきます（2 - 9 参照）。

　優位性の話は、まず最初に「数的優位」を考えると思いますが、このトレーニングの設定では 2 vs 2 と同数です。ですが、一貫して伝えている、数的優位は局面を「どう見るか」によって変わってくるため、オーガナイズを数的優位にするのではなく、数的同数から数的優位だと考えられる「眼」を養うことが大切です。

　攻撃の選手を A、B、守備の選手を C、D とした時、A は B を利用して、自分の前方の守備者 C を突破するのか、守備者 D を突破するのか、その手段は 3 つあると前項

でお伝えしましたが、ボール状況や味方と相手の状況から最適解を見つけ出せるようになりましょう。（①参照）

　それでは「上手い＝速い（早い）」ということを含みながら順を追って考えていきましょう。早さにおいて、まず考えてほしいのはパスを受けた時点で相手がいないことです。つまり「1 vs 0」の状態です。

　前項ではボールを受けた時に相手を攻略する（攻める）手段は 3 つあると伝えましたが、頭の早さ・展開の早さから考えると、ボールを受けた時点で「相手がいないところ」、「相手の背後に侵入」を考えるべきなので、まず受け手の思考からスタートします。

　先の 2 vs 2 のシーンで攻撃の A は守備者 C の背後や脇が取れないからお腹側に降りて受けるわけですが、次に早く相手の背後が取れる手段は、ワンツーです。自分が 1 タッチ触るだけで、守備者 D を B が突破する形が作れます。しかし、場合によっては守備者 C がすでにカバーに走り始めている。そうなると、ボールに触れず、パスラインを利用すれば守備者 C の背後に侵入できるでしょう。

　いづれにしても、降りて受ける時の「体勢優位（体の向き・視野）」がいかに大事かがわかります。攻撃側に見られているこ

図25　2 vs 2の要素

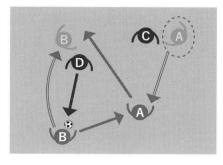

①
本当は脇 or 背後でもらいたい

難しいからお腹側に

D が B にアタックにきているなら
タイミングを合わせれば
タイミングよく入れ替われる

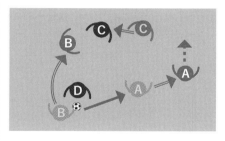

②
C が B → A のパスのボールの移動中に気が
ついて D のカバーに動いた

ボールを流して、A か自ら持ち上がる
C の動きが見えているからこそ（体勢優位）

- C が A を気にする ➡ B は A とワンツー

- C が B に行く ➡ A はドリブル

ボールの動き ➡
人の動き ⇒
ドリブル •••••➤

とを守備者 C が感じると、先に動き出すと相手へのヒントになり逆をつかれるため、勢いをもってスタート（アタック）することも困難になります。これが「相手のスピードを上げさせない」ということです。

そうなると、自分自身がその場でターンするという選択肢も生まれてくるでしょう。ターンをしてしまえば、今度は B が守備者 D の背後や脇を取れていれば、自分が運ぶ（ドリブルする）よりも早いわけですから、パスを通せば良いし、A がパスのモーション中に守備者 C がパスコースを遮断すれば、反対方向にドリブルして守備者 C を突破すれば、楽に背後に入れます。守備者 C がパスコースではなく、A のボールにアタックしてきた際は、味方の B を使えば簡単にワンツーができるでしょう。（②参照）

このように、相手の状況や対応方法に応じて対処する考え方や、切り取る眼次第で、数的同数でも簡単に数的優位になるのです。

「ここは数的同数だから、数的優位のところにボールを動かせ」などと指示を出していても、上のレベルにいけばいくほど、そんなところは見つからなくなるでしょう。

図26　オープン・クローズ

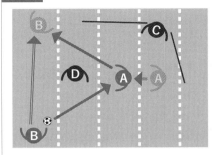

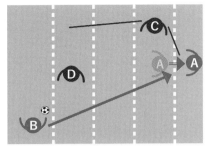

③クローズ

・内側のレーンにズレることでCの影響は受けづらくワンツーはやりやすい

・Cの視野に入りやすくなるので、相手が見えず、相手に見られやすい

④オープン

・外側を取ることで相手はボールとマークを同一視しづらくなる

・ボールの移動時間が長くなる可能性があるため、相手も動ける時間がある（ワンツーなどは向いていない）

オープン・クローズ

ここで大切なのは「戦術的に選べる」「技術（身体）的に選べる」かどうかという点です。「戦術的に選べる」というのは、相手の背後を取るなら、お腹側でも背中側でも、ボールを受けられる位置を取ることです。

例えば、攻撃者が背中にしか来ないとわかっていたら、守備者はそれに対応できます。Aが守備者Cのお腹で受けた時には、Bは背後を狙ってくる、だからCはAを防ぎにいかないといけない→結果としてつり出され背後を開けてしまうというように、背後を取れません。守備者のお腹側での味方Bのサポートにしても、ワンツーする場合はクローズのレーンで受けることが多いですが、クローズの位置は、見る・見られるの関係で考えると、見られる状況になりがちです。そのためオープンのレーンを取ると、守備者C、Dの間も広がるのでタイミングよくクローズに入っていけばワンツーも通りやすくなるでしょう。（③・④参照）

もちろんクローズの位置でも体勢を工夫するなどできますし、オープンでも自分のほしいタイミングでボールが来ないこともあるでしょう。その際には、相手が慌ててポジションを修正したりするアクションをさらに逆手にとって「変更」できることが良い選手の条件です。そういう選手は「同じボールの置きどころ」でパスもドリブルも選択でき、またパスもお腹側にも背中側にも蹴れる「技術的に選べる」位置にボールを置けることが求められます。やはり高い戦術的思考力を身につけてくると要求される技術も上がりますし、戦術・技術の両方が関係していると考えさせられます。

4-4　攻防のカラクリ

「意思あり時間」と「意思なし時間」の見極め

相手の背中側とお腹側、レーンで考えると相手よりも内側のレーン（クローズ）と外側のレーン（オープン）という具合に「選べるポジション」から、3つの選択肢を使って相手を攻略（攻める）しましょう。3つの中からどのプランを選ぶのが適切かを、相手の心理状態からくる「戦術的行動」と、その成否を決める要因となる技術について、攻撃者・守備者の観点からそれぞれ考えていきたいと思います。

前提として、それぞれが勝つとは何か、負けるとは何かを認識していることが求められます。攻撃者において勝つとは、相手の背後に侵入すること。負けるとは、ボールを失ってしまうことです。反対に、守備者において勝つとは、ボールを奪うことです。負けるとは、背後に侵入されてしまうことです。

つまり、勝ちにいったが、それにより負けやすい状況を作ってしまったとか、負けるくらいなら少しの間勝負に行かないなどの判断も瞬時に求められます。

この判断の変更と再決定の連続は、リアルタイムで行われるためベンチからの指示待ちでは難しい。逆に、ここの部分を選

手自身が相手と味方とボールの状況から判断できるようになれば、サッカー選手としての駆け引きを心得ているといって良いでしょう。

そういう選手は、8人制サッカーでも11人制サッカーでも、ましてやどのポジションでも、短い時間で迷いなくプレーできるようになります。具体的に見ていきましょう。

矢印を出す

ポイントになるのは、矢印です。矢印とは、人の動きの方向を指し、ここでは矢印の大小は速度を表します。

ボール保持者が体勢優位で、「意思あり時間」であるのに、守備者が勝ちにいく（ボールにアタックする）と、守備者のお腹側に大きな矢印が出てきます。相手が熟練者ですと、この矢印を感じ取って、ワンツーやドリブルなどで簡単に背後に侵入されてしまい、守備者は負けてしまいます。ですが、守備者が熟練者なら、そう簡単に大きな矢印は出しません。大きな矢印は、急な方向転換への対応が難しく、視覚的にも相手にわかりやすいので、攻撃側にヒントを与えてしまいます。

やはり「意思あり時間」は、攻撃側に決定権があるので勝てません（奪えない）。

図27　矢印を出す

守備者

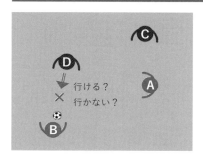

行ける？
行かない？

勝つ＝奪う
↓
アタックする
↓
矢印を出す
＊熟練者を相手にすると利用される
ワンツーかドリブルで背後を取られる
↓
負ける

ボール保持者のレベルや状況によって
「勝つこと」よりも「負けないこと」を選ぶ

意図が重要＝心理の戦い

攻撃者

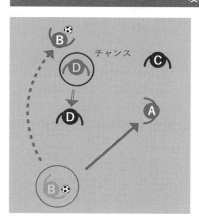

チャンス

勝つ＝背後を取る

図のようにわざと背後に行けないように
ボールを持つ
↓
Dはチャンス（攻めてこないと判断）と思い
矢印を出す（アタックしてくる）

うまく矢印を利用して背後に進入する

けれど、負けない（背後を取られない）という選択をした上で、相手の足から微妙にボールが離れた時を「意思なし時間」と判断したり、相手の心理状態・性格・癖などを試合中に観察することで、スキがあれば、ボールにアタックし、勝ちを狙いにいけます。「意思なし時間」は瞬時にパスが出せないため、大きい矢印で相手に襲いかかるとチャンスです。

相手に矢印を出させる

ボールを止めることが良いと言われたからやっているという選手は、相手守備者から足元に大きな矢印でアタックされる場面をよく見ます。そうなるとやはり「止める」ということに懐疑的になってしまいます。そうではなく、「意思あり時間」はボールと頭のタイムラグが無いと捉え、かつ相手を感じているのなら、止める前には「相手の矢印が出ている（＝ヒントが出ている）」から実際はチャンスなのです。攻撃者はその矢印のレール上からいなくなれば、驚くほど簡単に相手の背後に侵入できます。
「止める・蹴る」などのボール操作を磨いて、体勢優位で「意思あり時間」を作ることが、ボール保持者をいかに助けるか。この攻防のカラクリを理解すると、戦いを優位に進めることができます。

今度は攻撃側が熟練者になってくると、わざとボールの置き方を体勢優位ではないように（前方に蹴れないような角度でわざとボールを置いたり）したり、相手に気づいてないフリをして敢えて攻めさせたり（ボールにアタックにこさせたり）、相手に

矢印を出させます。

なぜなら、負けない（背後を奪われない）ことを考えている守備者から勝つのは難しいからです。一瞬でも、守備者に勝てると思わせて、ボールに矢印を向かせる。これが実は巧妙に仕掛けられた罠なのです。たまに、体勢優位で意思あり時間に置けるのに、体勢優位に置かない選手がいます。もちろん、ゴール方向への選択肢がたくさん持てるように置くのが定石ですが、その置き方に意図があるかどうか、指導者の方はしっかりと観察する必要があると思います。

つまり、プレッシャーを受けていると感じるか、矢印を出させていると感じるかは、大きな差になってきます。是非成功体験を積ませたり、良いシーンの映像を活用するなどして、選手たちにこの心理の戦い（駆け引き）、そして「ボール操作の大切さ」と「意思あり時間の認識」を覚えてほしいと思います。

4-5　チームワークとは？

{ 人を観察し、理解しよう }

　ここまで、4 章にて述べてきた「虫の眼」を持って、サッカーをボール保持者の視点から分析していくという作業は、作戦ボード上の作業とは少し違って、実際の自分が見える景色が思い浮かび、ボールの状況を想像する指導者の方も少なくないのではないでしょうか。一方で、「鳥の眼」と表現した全体像を俯瞰する形は、自分の視野ではないため、なかなか景色の想像はつきにくいでしょう。しかし、どちらも大切な視点であり、どちらにも「交通整理」と伝えたような戦術的思考力＝戦う上で理解しておいたほうが良い原理原則があることを理解していただけたかと思います。

　特に、4 章で説明した視点は、個人の質を決める重要な要素となり、「目の前の相手を攻略する」という視点においては、11人制にも必要となる要素なので、人数の少ない 8 人制のうちから鍛えておくべき重要なことになります。

　日本の子どもたちは、ボール操作に長けていますし、真面目に物事を継続するのが得意であるといわれる国民性です。ですので、日頃から「鳥の眼」を持って、チームとしての大まかなボールの流れや、密集しそうな箇所を確認（認知）する習慣を持ちましょう。同時に、この「虫の眼」と表現した、小さい視点（選手の視点）から目の前の相手・状況の攻略法を身につけてください。

　この 2 つの視点が、指導者としてチーム、個人を分析する上でも必要不可欠になり、また選手にとっても必要な能力であり、彼らの思考・判断そして実行に変化を与えます。

　そのためには相手や味方を「理解する」ことが求められます。自分の目の前の守備者が、勝負して勝ちにきているのか。それとも、相手は負けないことを選んでいるのか。後者であれば、ボールにアタックにこないわけで、その瞬間はパスを出せる合図となり同時に、味方の選手はそれぞれのマークを外すことが要求されます。

　逆に、血気盛んに勝ちにきている守備者であれば、周りの選手はそれを理解して、壁パスを受けにきてくれたら簡単に攻略できるでしょう。これが相手を理解することです。

　そして、味方に対して、チームの中でもボール操作の苦手な子に「相手の背後を取るタイミングで「パスを出してくれ」と言っても、出てくる確率はそこまで高くないでしょう。そうなると、個人を攻略するとい

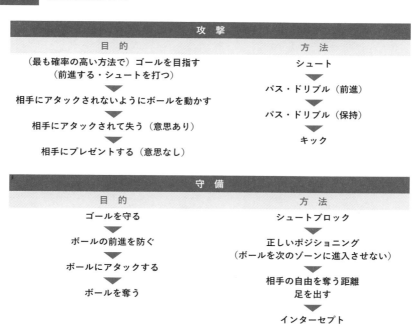

図28　原理原則まとめ

攻撃

目　的	方　法
（最も確率の高い方法で）ゴールを目指す （前進する・シュートを打つ）	シュート
相手にアタックされないようにボールを動かす	パス・ドリブル（前進）
相手にアタックされて失う（意思あり）	パス・ドリブル（保持）
相手にプレゼントする（意思なし）	キック

守備

目　的	方　法
ゴールを守る	シュートブロック
ボールの前進を防ぐ	正しいポジショニング （ボールを次のゾーンに進入させない）
ボールにアタックする	相手の自由を奪う距離 足を出す
ボールを奪う	インターセプト

う視点は持ちつつも、まずはボールを受けてあげる（＝回収してあげる）。これが味方を理解することです。

　一方で、絶対にかわせると思う味方選手（勝負に絶対はありませんが……）には、手伝いに行かず、自身が自身のマークの背後でプレーすることに集中します。圧倒的にボールを保持しているにも関わらず、ボールを受けに下がってきてしまう前線の選手には気づいて欲しい考え方です。

　選手が仲間を理解すること、これが本当のチームワークだと思います。昔よくあった、学年ごちゃごちゃでサッカーをすると、
「この子は手伝ってあげないと……」
「まずはつかまる前にお兄ちゃんに預けよう……」

など、自然とこういった能力が身についたり、このような経験をしたものです。サッカーは、相手と入り混じって行うスポーツです。

「虫の眼」の視点で「人を攻略する」

　サッカーをするために、原理原則を認識できるようになったら、最終的には「人を理解する」ことが大切になってくると思います。核家族化や、一人っ子が増えていたり、習い事文化でコミュニケーション能力が低下している現代社会。人を理解するということは、サッカー以外にも良い影響をもたらします。こういったことも、サッカーから学ぶことができると思います。

サッカーとはどんなスポーツなのか

サッカーを分析し、用語を整理する

ゲームを分析する─鳥の眼─

プレーを分析する─虫の眼─

トレーニングを計画する

4-6　自分・味方・相手がいるのがサッカー

{ **トレーニングの最小人数は？** }

　ここまでの話をトータルして考えると、一体サッカーは何人からトレーニング可能なのでしょうか。昔からある、グラウンドでコーチにボールを渡して、リターンを落としてもらいシュートする。いわゆるポストシュートという練習を多く見ます。それ自体は目的があれば悪くないと思いますが、そこに10人以上の選手が並んで順番を待っている。こういった判断のないトレーニングは、運動を身体が学習するということを考慮して、数を多く体験できるように、待ち時間を短くしたほうがいいでしょう。また、いつも8vs8の試合形式の練習だけでは、判断こそあるものの、なかなかボールを触れない状況なども想定でき、この年代で習得が求められるボール操作のテクニックや、特定のシチュエーションにおける能力を効率よく身につけるのは難しくなります。

　JFA は、少人数制のサッカー、つまり 8人制サッカーをジュニア年代に推奨しています。少人数制のサッカーにより一人ひとりがボールに触れる機会を多く作り、相手がいる中でボール操作のテクニックを身につけていくことができるでしょう。もちろん、それでも習得に時間がかかる場合は、判断の要素を切り取って、ドリル形式のトレーニングも時には必要です。

　では、少人数制でたくさんボールに触れる事が大切で、相手のいる状況と考えるとトレーニングの最小人数は、「1 vs 1」と考えてもいいのでしょうか？

　私はサッカーのトレーニングの最小単位を考える時、「3」という数字を意識しています。

　まず、技術的な話ですが、一人でやる自主練です。ボール1つあればサッカー選手は楽しめます。

●「止める・蹴る・運ぶ」思ったところに、思った時間で、この質を高める

　これを「一人称の練習」と呼びます。

　次に2人でパス交換、この時点で受け手と出し手が存在します。

●人のタイミングを理解する・感じ取って合わせる

　これを「二人称の練習」と呼びます。

　そして次の3人目とは相手です。

●二人称の練習で培った認識を、相手がいる中で発揮できるか

●相手守備者がこちらの意思を理解して動いてきた時は、その矢印を逆手にとってプランを変更できるか

　こういった自分・味方・相手がいる練習を「三人称の練習」と呼んでいます。

図29　トレーニングの人数

一人称

（自主練習）
・ボール扱い「止める・蹴る・運ぶ」
・身体操作性「思い通りに身体を動かす」

二人称

（自分＋味方）
・パスのコミュニケーション
・動きのコミュニケーション

三人称

（自分＋味方＋相手）
相手を見て判断・変更する
↓
「相手にしない」ということも考えるためには
場所を変えるアイデアも入れる

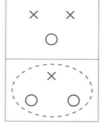

このエリアだけでなく、
×を相手にせず
前の四角にボールを入れ
ることもアイデアに

**オーガナイズを工夫して
判断を養おう！！**

サッカーの練習というのは、「虫の眼」という視点で、小さいところから全体にという考えにおいても最低限「三人称の練習」になっている必要があると考えます。それによって攻略する相手の状況を見る眼を養うことができ、パスなのかドリブルなのか、また、背中側で受けられるのか、お腹側へのサポートなのか認知力と判断力を養うことができます。

加えて、どちらの相手を攻略するか、切り取る眼をトレーニングする意味で、お互いに守備者がいる2vs2のトレーニングをよく用いるという話をしました。

さらに、この虫の眼にもう1つ「鳥の眼」の視点を加えることも大切になってきます。要は、サッカーは3ラインで構成されて、ボールが前方のエリアに侵入できるのであれば、無理に相手に近づかなくても（戦うことをしなくても）よい場面が多くあります。これを「場所を変える」や「相手に

しない」とここでは表現しますが、この「いつ・どこで・誰と戦うか」を考えることもサッカーでは「頭のスピード」が大きく関わってきます。

守備においても、ボールに間に合わない（アタックできない）なら、侵入させないように背後のパスコースを塞ぐこと（要は背後の選手と戦う）から考えたほうが良い。それに、チャレンジ＆カバーという言葉にもあるように、マークよりも次のゾーンへの侵入を防ぐために、ボールに対応している選手との間隔を狭くして、少し段差をつけたほうが良い場合があります。

よって守備の練習であれば、最低2ラインになっているトレーニングを考えていく必要があると考えます。攻撃に関しても、守備に関しても3人いて、2ラインになる形でのトレーニング、つまり3vs3から、サッカーの原理原則で考えることができるのです。

タッチ数の制限は？

また、タッチ数においては前の章でも伝えましたが、「止めない＝1タッチ」が最も早いというのはいうまでもありませんが、1タッチしかできないと判断の決定と変更の連続に、思考が追いついていかず、パスではなくキックに（パスは相手がいるからパスです）なってしまうことが多々出てきてしまうでしょう。

1タッチでもプレーできるように事前に見ておく、1タッチでパスが出てくることを踏まえて、マークの状況を伺っておく習慣を身につけるのは大切です。しかし、頭のスピードが追いついてない場合は、1タッチでやる必要は全くありません。

それは結果的に目的がないキックになります。ボールを失うよりも蹴ることを選択して、目的のないキックが偶然マイボールになることもあるでしょう。でも、その偶然はいつまでも偶然のままです。だとしたらコントロールして相手につかまることで、事前に見ることの必要性や、コントロールする位置などの重要性に気がつくほうが、長い目で見ると遥かに成功と言えるでしょう。

ただ、ボール操作に自信があるから事前に見ることをしない選手には、指導者は「相手にしない」ことが有利になる練習設定などを少し工夫してみると良いかもしれません。ボール扱いが上手なのは良いことですから、この選手に対してドリブルするなと指導するのでは、サッカーの本質ではありません。判断は選手のものです。

どうしたらその必要性に気がつくかと考えてみると、例えばグリッドの広さを変えることで守備のインテンシティをあげてみたり、人数を調整してボールに関わる頻度や複雑性を調整したりみたりするのも1つでしょう。原理原則を理解した上で、それでも自分で持つことを選択し、なおかつ成功するのであれば、それはその子の特徴として指導者が認識してつき合っていくべきだと考えます。

近年は、教えたい指導者と、教わるのが当たり前という選手が多いため、「こういう時、自分は〜したい」と主張する選手に多く出会いたいですし、原理原則を伝えながらも、子どもたちの、そうした主張を引き出すには指導者はどういう関わりが良いのか、そういったことを日々考えています。

強豪・町クラブ監督にインタビュー②

回答者：
センアーノ神戸ジュニア
大木宏之 監督

 11人制と8人制の違いは？

　11人制の時代は、ピッチサイズが80m x 50mで行っていました。その中で11人制を行っていたため、勝利するためには幅を使うよりも縦に早いサッカーをした方が圧倒的に有利でした。当時は強引なドリブル突破が効果的でもありました。その後、8人制になり、きちんと幅を使ってボールを保持するチームが増えてきました。そうすることで「止める・蹴る」という基本技術や主導権を握ってのサッカーをすることで「考える」という作業をする選手が増加したように思います。

　また、空間認知を意識したり、身体の向きをきちんと意識した選手が増えました。その影響かグループワークでの崩しなども増えたと思います。そして、そのようなチームから失点しないための守備も様々な部分で工夫され戦術的にも向上しました。（8人制になり）育成年代にとって、プラスの方が圧倒的に多かったと思います。

 8人制になってどんな選手が育つようになったのか？

　まずは、ボールを保持しようとするチームが増えたため、「止める・蹴る」がしっかりできる選手が増えました。それに伴い、オフ・ザ・ボールの質が向上していることも目立ちます。

　また、グループワークによる突破や戦術も増えました。特に（11人制より）スペースが増えたので、スルーパスや動き出しにあわせてボール供給できる選手が増えました。そして何より人数が少なくなったので、攻守の切り替えが非常に重要になったこと、人数が少ないため1対1で負ければ厳しい状況になるので、そんな部分の責任感ある選手が増えました。

　GKも以前はロングボールを蹴ることが多かったですが、攻撃の起点として重要になりました。ゴール前の攻防も増え、攻守ともに緊迫感を持って対応することも増えたため、技術面や戦術面の質の高い、責任感のある選手が育つようになり、そして活躍するようになったと思います。

8人制になって指導ポイントに変化は生まれましたか？

　明らかに変わりました。以前は個の突破プレーのウェイトが圧倒的に大きかった。しかし、今はその部分をしっかり大切にしながらも「オフ・ザ・ボール」や「空間認知」、「止める・蹴る」などの指導が増えてきています。

 8人制サッカー専門の書籍や資格プログラムができることについて

　8人制になって約10年。8人制への移行が、育成年代にとって多くのメリットを生み出したことは明白です。それは私自身、現場で移り変わりを見て感じて、そこで育っていく選手を見ての感想です。しかし。それはあくまでも感覚部分であり、数字として表れてきたわけではありません。

　また、世界も明らかに進化している中で、このような4種に焦点をあてた資格は日本のサッカー界にとって大きな前進だと思います。特に8人制による狙いや育成年代の中で大切にしなければならないことを指導者が整理できる良いチャンスだと思います。日本の育成年代みんなで日本のサッカーを育てていける機会になるのではないでしょうか。

■チームDATA
センアーノ神戸　U-12
設立：2001年3月
活動エリア：兵庫県神戸市
主な実績：JFA 第40回全日本U-12サッカー選手権大会／バーモントカップ 第26回全日本少年フットサル大会 優勝

第 5 章

トレーニングを計画する

トレーニングを具体的に考えてみる

トレーニングに必要な要素

　ここまでサッカーの原理原則、試合をどういう目線で分析すると良いかということを説明してきました。この章では、実際の活動を考えていきます。そうは言っても活動の形態はチームによって様々だと思います。週末のみの活動のチームや、週に 3 〜 4 回練習するようなチームでは 1 週間の合計練習時間はかなり異なってきます。本書ではいくつかの例を提示しますので、自身のチームに置き換えて考えてみましょう。

　まず、1 つのトレーニングの成り立ちについてお伝えします。JFA の指導者ライセンスを受講した方ならご存知かと思いますが、1 つのトレーニングは、一般的にウォーミングアップ - トレーニング① - トレーニング② - ゲーム - (クールダウン) といった具合に考えられます。そして、時間は選手の集中力から考えて、90〜120 分が推奨されています。

　上記をベースとして、トレーニングを考えていきましょう。

　まず、子どもは物事に夢中になった時に最も成長します。トレーニング内容ももちろん重要ですが、

① 競争したい

② 真似したい

③ 少しだけ難しいことをやりたい

④ 認められたい

　子どもを刺激する 4 つのポイントを参考に、ご自身のチームに相応しい内容にアレンジしてください。

週に 1・2 回しか練習できないようなチーム

　なんといっても、子どもたちにとって大切なのが、サッカーは楽しいものであるということです。コーチの難しい練習内容で、サッカーが嫌いになってしまっては本末転倒です。ですので、子どもたちが好きな試合形式のものを中心に、特に練習日が少ないチームはメニューを考えてほしいと思います。

　試合には、サッカーの要素が全て入っているといえます。もちろん、ただ試合をさせるというのではなく、設定を変えることで子どもたちの変化を色々引き出してみてください。

　ここでは、4vs 4 という人数設定で考えていきますが、子どもたちの人数や習熟度合いを見ながら変更していっても構いません。

　試合を想定した練習で出た課題を指導者が指摘してあげましょう。子どもたちにもっとサッカーを楽しんでもらうための手助けです。子どもたちは、その課題を練習後や、次の練習前、もしくは自宅で自主練することで、よりサッカーが楽しくなるでしょう。

4 vs 4 である理由

- ある程度人数を少なくすると、一人ひとりのプレーする回数が多くなる
- 自分以外の選択肢が減るので、判断の要素が減る
- *難易度が下がる
- *幅と深さというものを意識させやすい（鳥の眼）
- *どこを攻略（誰を攻略）というものを理解しやすい
- 3ライン、3レーンが作れる

攻撃の目的　〈攻める→攻められないようボールを保持する〉

① シュートはあるのか
② 背後を狙う選手（出し手・受け手ともに）
③ 攻めることが不可能と判断したらプランを変えることができるか

守備の目的　〈負けない→攻める〉

① シュートを決められない
② 背後をやられない
③ 相手に判断を変えさせる
④ ボールにアタックする

守備→攻撃

① 相手が整う前に攻める（背後に向かう）
② 糸口が見つからなかったので保持に切り替える

攻撃→守備

① 失った場所ですぐに取り返す
② 回避されたのでまずは戻って組織を作る

トランジションで重要なのは個人の判断と、指示命令系統

トレーニングの構築実践（90分〜120分）

2~3 分	5~10 分	10~15 分	10~15 分
概要説明	ウォーミングアップ	トレーニングの導入	トレーニング1の発展
今日のトレーニングについての説明 ・目標／目的 ・流れ（概要）	チームのルーティンでサイキアップに使用。または、時間がない時や今日の目的が難しい時はその目的の導入に使う。 EX） パス・ドリブル サーキット ブラジル体操 ラダー	今日の練習の目的の導入に使う。ウォーミングアップ時に導入を始めていたらその発展を行う。 ・人数は少なく ・相手が少ない状態 ・明確でわかりやすく ・現象を切り取って行う ・インテンシティは 　ロー or ミドルで行う	ピッチを切り取り、現象を簡略させたり、現象をイメージしやすい状態に持っていく。 トレーニング1よりも ・より相手を含ませて ・目的を見失わずに ・現象頻度をよりリアルに ・インテンシティを上げる ・複雑性を高める （人数、選択肢を増やす）

トレーニング説明	ウォーミンダアップ	トレーニング1	トレーニング1.5

準備　　　　　　　　　　　　導入

簡

低

低

サッカーとはどんなスポーツなのか

サッカーを分析し、用語を整理する

ゲームを分析する―鳥の眼―

プレーを分析する―虫の眼―

トレーニングを計画する

10~20 分	20~30 分	5~10 分
前段階のトレーニングの発展	ゲーム形式のトレーニング	クールダウン

より実践的にかつ、現象が現れるようにする。例えばハーフピッチサイズで現象を切り取る。
・人数を増やす
・より実践に近く
・複雑性を上げる
（人数、選択肢、見るものを増やす）
・ピッチサイズを広くする
・攻守の方向が明確になる

基本的に SSGs で行う。
本日の目的を忘れずに、それに則して SSGs の条件をつける。
例：
3 チーム作り、1 チームはサーバーにする。深さと幅の意識付けになる。

4 vs 4 でライン、レーンを意識する

・クールダウンのために使う
・また選手へのフィードバック
＋
選手からのフイードバック

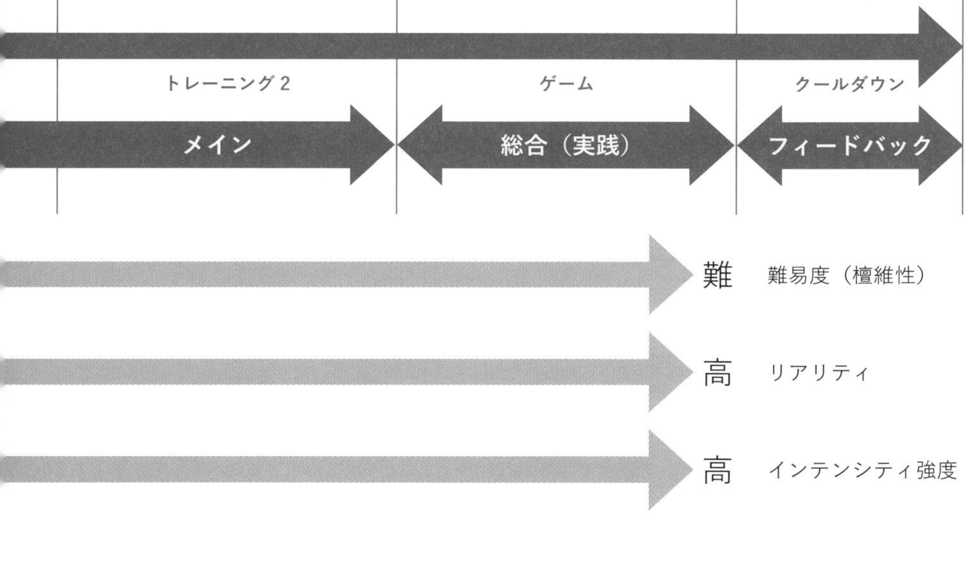

トレーニング2 ゲーム クールダウン
メイン 総合（実践） フィードバック

難　難易度（檀維性）

高　リアリティ

高　インテンシティ強度

第5章 トレーニングを計画する

トレーニングを考えるうえで必要な能力

プランニングする力

【見るべきポイント】 ➡ 分析把握

試合

相手のシステム

ボールの流れ

- ビルドアップタイプ
- 早めに入れてくるタイプ
- 人を追い越すのが多い

中心選手のポジション

セットプレー

自チーム

ボールを握っているか

- 相手に対応するのか
- 相手が対応してくるのか

＊あくまで選手たちの行動で分析する

トレーニング

★プランニングする力

- リアリティとクラリティ（明瞭性）のバランス

サッカーのトレーニング

サッカーのゲーム状況（リアリティ）が含まれなければならない

（味方、相手、ゴール、ボール……）

課題が明確になる。頻度が多くなる状況（クラリティ）を作ることも必要である

トレーニング回数が少ない場合はリアリティ（現実性）をより重視すべきである

試合には全てが入っている

Reality 現実性	Clarity 明瞭性
（長所） ゲームに近い 多数のオプション （短所） 複雑 多数のオプション	（長所） 反復が多い 再現性 シンプル＆フォーカス （短所） ゲームから離れていく

リアリティとクラリティの
バランス

オーガナイズする力

現状 ⟶ 望まれる姿

トレーニング

オーガナイズには意味がある

トレーニングの設定や環境、ルールなどを工夫する

その中でプレーすると、選手は多くを学ぶことが可能

↓

トレーニング回数が少ない場合は特にゲーム（味方・相手・ゴール）の設定で変化をつける。

ゲーム中心のトレーニング

↓

サッカーの理解につながる

• 改善したい • 伸ばしたい • 獲得させたい	→	技術のスピード 頭のスピード 身体のスピード	によって

用具・場所
人数
コートの広さ・形
ルールや条件の設定
ゴールの設定・配置
グループ分け、交代の仕方
配球、スタート位置
時間

をコントロールする

難易度の調整

目の前の選手にふさわしい難易度

＝バランスが大事

×簡単すぎて課題が明確にならない

×難しすぎて課題を上手くクリアできない

○難易度が丁度良く、集中してやればクリアしそう

↓

しっかりと選手を観察して分析し選定する

プレーの確保

サッカーはサッカーをすることで上手くなる

• トレーニングを複雑にしすぎない
• コートの数で調整する
• プレー時間の管理（プレー間の時間）
• 交代の方法、ローテーションの工夫

ゲームから考えてみよう

設定を変えることで変化を感じよう

攻撃の思考順序
① シュートは打てるのか
② 前進するためのパス、ドリブル
③ 保持するためのパス、ドリブル

守備の思考順序
① ゴールを決めさせない
② 正しいポジショニング（ボールを次の
　ゾーンに侵入させない）
③ 自由を奪う距離感、アタックできる距離
④ インターセプトを狙う

左記の思考順序を理解できるような、4 vs 4 をベースとしたトレーニングを紹介します。

人数設定は、固定の 4 vs 4 の中、そのほかの設定（コートサイズ、ゴールサイズ、ゴール方法）の変化で、伝えたいこと（伝わること）にも変化が出ることを理解していきましょう。

4 vs 4

コートサイズ :50m（縦）× 35m（横）
ゴール設定 : ゴール +GK
人数設定 : 4 vs 4 （+GK）
（8 人制の半分のコートでミニゴールやコーンゴール）

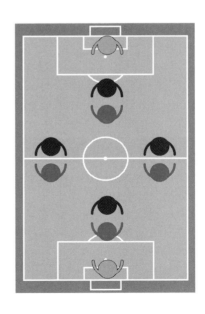

攻撃の思考順序

①シュートは打てるのか

☆点を取るスポーツ➡目的はゴール➡そのためのシュート

＊シュートが打てない or 少ないのなら

- ゴールをミニゴールではなく、キーパー付きの大きいものにする
- コートの縦の長さを短くする（35m × 25m ほどにする）

シュートの意識を持つようになる

守備の思考順序

①ゴールを決めさせない

現象を起こすために、ゴール前の局面で行う、競る

この状況では（マーク）人との距離を近くしないとまたは、プレスに行かないとシュートを打たれる可能性が高まる

マークする側とされる側にギャップが生まれる可能性がある

プレー（現象）がシュートばかりでそこにプレーの判断がない場合の修正

キーパー付きのゴールではなく、ミニゴールに変更する

（＊やみくもに蹴っても、偶然では入らない設定にする）

（その結果）

＊守備がどう変化するか

- 相手のシュートが少なくなる
- 相手との距離が多少離れても、シュートを撃たれなくなった

守備はアタックにいけるチャンスが増える

コーチングによる働きかけ（どんな変化が起きて、守備はどうしたらいいのか気づきを与える）

ゲーム内の現象を見てオーガナイズを工夫する

設定① ライン突破

ゴール設定：ライン突破
コートサイズ：40m × 30m
人数設定：4 vs 4

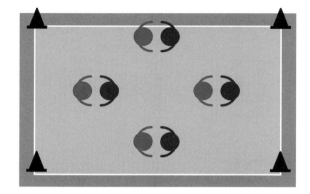

攻撃の思考

ゴールがなくなるため、攻撃の思考順序の①である、シュートの選択がなくなる
②前進するためのパス、ドリブル→③保持するためのパス、ドリブル
＊ゴールではなく、幅広いラインがゴールとなるため進入の難易度が下がるので、背後を狙
　うようになる

コートをより縦長にする（縦 50m ×横 30m）
（縦長にすることで裏のスペースがより広くなると、それぞれのスプリントの速度が上がる
ため、矢印が大きくなりやすい　＊トランジションの発生）

守備の思考

ゴールがないため、ゴールを決めさせない（シュートさせない）
正しいポジショニング→③自由を奪う距離感、アタックできる距離→④インターセプトを
狙う
＊ゴールではなく、幅広いライン（スペース）がゴールとなるため、背後に攻めてくる。

負けないための選択・ポジショニング→攻める（アタック）
※コートが縦長になると、守るべきスペースも増えるため、守備者が攻める（アタックする）
と矢印が大きくなり、その裏を取られやすくなるため、全体のポジショニングが鍵となる。

設定② 4ゴールゲーム

ゴール設定:4ゴールにして
みる
コートサイズ:縦 30m × 横
40m
人数設定:4 vs 4

1 の守備者はゴール A に
対しては正しいが、ゴール
B に対しては正しいポジ
ションではない
↓
B に向かえば、左のペア
と 2 vs 1 を作るという発
想を持つ

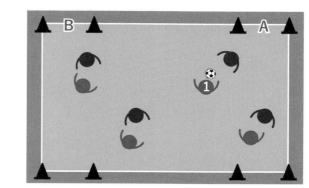

攻撃の思考

コートが横長のため、縦方向の動きよりもレーンの移動の意識を強める

* マークの原則が片方のゴールには通用しても、片方には通用しないので、瞬間的に数的
　優位になる
↓
切り取る眼を養う
↓
コートをより横長にすることで、より遠くまで見る必要がある

* 「1・2・3 の位置」の 3 の位置がより明瞭化する

守備の思考

コートが横長のため、レーンの移動をされる。
↓
どうやって、1 vs 1（アタックできる状況）を作るのか。

守備の思考順序である① ゴールを決めさせない➡② 正しいポジショニング➡③ 自由を奪
う距離感、アタックできる距離➡④ インターセプトを狙うの順を特に考えるようになる

* トランジション次第では、結構簡単にゴールできるので、レベルを見てシュートは 1 タッ
　チの制限をつけるなど条件に変化を入れる

設定③ フリーマンを入れたポゼッション

ゴール設定：ポゼッション
コートサイズ：縦 30m × 横 40m
人数設定：4 vs 4 ＋ フリーマン

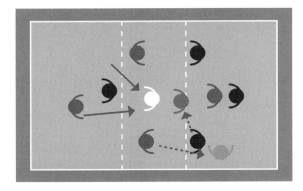

攻撃の思考

パスコースが増える

↓

「進入するため」にはどこにポジションを取るか

攻撃は思考②前進するためのパス、ドリブル➡③保持するためのパス、ドリブルを忘れないように

守備の思考

思考②正しいポジショニング➡③自由を奪う距離感、アタックできる距離➡④インターセプトを狙うをしっかり考える
• コミュニケーション
• どこを空けて、どこにマークにつかないといけないか

＊トランジションでポジショニングやマークが難しくなっているようであれば
　➡フリーマンの動けるエリアを限定する
真ん中に 15m 幅くらいのゾーンを作る
（図の中の中盤の点線の間）

はっきり現象が見えない場合 より人数を減らす（2vs2にする）

ゴール設定：ライン突破
コートサイズ：縦30m ×横15m
人数：2 vs 2

人数を減らすことで、現象をわかりやすくする。ただし、チーム戦術ではなく、より虫の眼での「シーンの切り取り方」がわかりやすくなる。

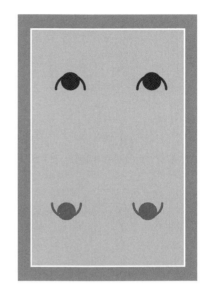

攻撃の思考

< **目的** > 相手選手のどちらかを突破する
< **方法** > スルーパス、ドリブル。ワンツーの3つの手段から選択する（4-2参照）

その判断の基準は何か？

• ボールの持ち方
• ボールを動かして相手を動かす
• 相手の矢印を観察する

守備の思考

< **目的** > チームで守る
< **方法** > 負けない手段

アタックのチャンスを見極める

発展 2 vs 2 ＋ 2 vs 2 にする（2 ライン・3 ゾーン）

ゴール設定：ライン突破
コートサイズ：縦 30m-40m（15m-20m × 2）× 横 20m-25m30 〜 35m
人数設定：4 vs 4（2 vs 2 ＋ 2 vs 2）

それぞれのゾーンで 2 vs 2 を行う。（ゾーン間の選手の移動はなし）
• フリータッチで行い、ゾーンを意識してプレーを選択していく
→ 3 つの手段の選択
　攻撃をメインで指導する時は、コートをやや広めにし、ゾーンを見つけやすくする
→コートを狭くしていく
　一方で守備をメインで指導するときは、狭いコートから始め、前進させない意識をつける
→コートを広くしていく

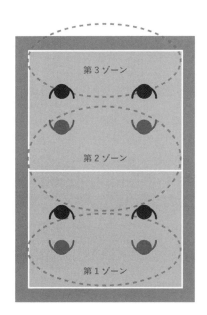

第 3 ゾーン

第 2 ゾーン

第 1 ゾーン

攻撃の思考

<目的> 前の「ゾーン」に進入すること
↓
侵入するゾーンを広げるには？
第 1 ゾーンから第 2 ゾーンだけでなく第 3 ゾーンでもボールを受ける意識を持つ。
※前進することの意識づけ。
攻撃の思考順序、相手の状況から判断をする。
攻める→負けない

守備の思考

<目的> ボールを次のゾーンに前進させないこと
↓
正しいポジショニングをとる
守備の思考順序を考えていく

トレーニングメニューを作ってみる

オーガナイズの方法

記載のコートのサイズは、あくまで目安です。

目的に合わせて

• コートを広くする or 狭くする

• 人数を増やす or 減らす

例：

目的が攻撃：コートを広く、味方を多くした方が簡単（数的優位や、フリーマンを入れる）

目的が守備：コートを狭く、攻撃のチームと人数を同数にした方が簡単（ただしリアリティを求めるため、守備者の練習で守備側が数的優位になることは避けることを推奨）

■コートのオーガナイズ

常に、1つのトレーニングだけでなく一連のトレーニングがスムーズにできるような

オーガナイズを事前に準備する

間の時間が長いと選手の集中力の低下、強度の低下に繋がる

※1日のトレーニング（テーマ攻撃・守備）を参照

■時間の概念

プレー時間も参考に記載しています。選手たちの強度の高さ、疲労度を見て決めましょう。目安としては、「疲労による技術的ミス」、「守備者が追わない」という状態であれば、練習のクオリティは下がるため止めることを推奨します。

選手たちの技術レベル、判断レベル、戦術レベルに合わせて大きさを適応させる。

また、大事なことは、メニューよりも「目的」。ポイントもまとめてあるので、参考に使用しましょう。

2（+1）vs 3
アウトナンバーゲーム（人数傾斜つき試合）の活用
メインテーマ：**カウンター**

局面

守備→攻撃

攻撃

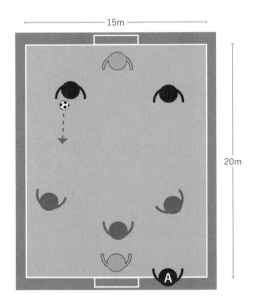

進め方・ルール

- リスタート:1プレーごと交代する（ボールアウトまたはゴールで交代）
- 2 vs 3 で2が攻める
- 3人の方が奪ったらゴール前で待機していたAが守備に加わる

ポイント・解説

- 3人の方はAが戻ってくるまでに攻めるというのが定石

- 2人の方は守備の思考順序を意識する
  ①シュート決められない
  ②背後に侵入されない
  ③攻撃側に判断を変えさせる
  （時間を稼ぐ）

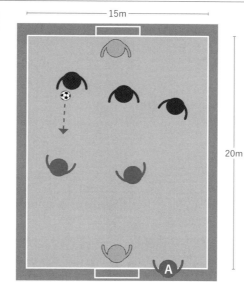

3 vs 2 （+1）
アウトナンバーゲーム（人数傾斜つき試合）の活用
メインテーマ：守備の指示、3人の役割

局面

守備

15m

20m

A

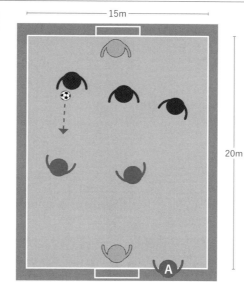

進め方・ルール	ポイント・解説

進め方・ルール

リスタート：1プレーごと交代する（ボールアウトまたはゴールで交代）

- 3 vs 2 で3が攻める
- 待機しているAはチームをオーガナイズする指示出しをする。
- 2人の守備者のどちらかがボールに触れたらゴール前で待機していたAが加わる
→ 3 vs 3 になる
- オフサイドあり
- GKつきにするならキーパーは、発声禁止
- どういうプランニングでボールにアタックする局面を作り出すのか
- チャレンジ・カバー・コントロール
＊コントロール役は指示出しに集中できるようこのシチュエーション

ポイント・解説

3人の方も攻撃の練習

<受け手>

＊どこに動くか
オフサイドにならないギリギリ身体の向き（へそを後ろに向けない）

<出し手>

＊いつ出すか
ボールの移動時間がDFの移動時間→速いボール→足下

＊どこに出すか
オフサイドにならないギリギリ
＊ボールを追いかけるのではなく、ボールが追いかけてくる意識
感覚を身体にしみ込ませる

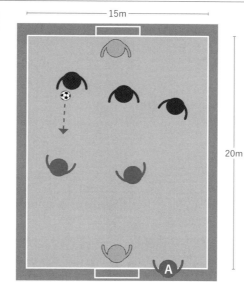

3 vs 2 → 3 vs 3
連続したプレー
メインテーマ：
守備の指示、3人の役割

局面

守備→攻撃

攻撃→守備

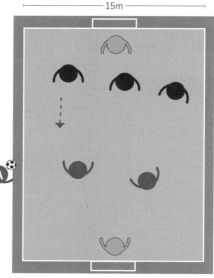

15m

20m

進め方・ルール

- 3 vs 2で3が攻める
- 待機しているAはチームをオーガナイズする指示を出す
- 2人の守備者のどちらかがボールを奪うもしくは、黒チームがシュートを打ち、入る、外れる、GKが取ったら、Aはボールを持ってコートに入り、3 vs 3を始める
- オフサイドあり

リスタート：

1プレーごと交代する。（2つ目のボールアウトまたはゴールで交代）

2つ目のボール

▶1つ目のボールが

▶▶アウト（クリアorミス）またはゴールの場合（A）から

▶▶1つ目のボールを守備者が奪った時、そのボールを継続

▶▶GKが手で取った場合、その場で判断
　　→GKからスタートor（A）からスタート

ポイント・解説

- 攻撃をしながらも守備を考える
　闇雲に攻撃参加しない
- いつどこにポジションを取るのか

3人の方も攻撃の練習

<受け手>

＊どこに動くか

オフサイドにならないギリギリ

身体の向き（へそ後ろ向けない）

<出し手>

＊いつ出すか

ボールの移動時間がDFの移動時間

→速いボール→足元

＊どこに出すか

オフサイドにならないギリギリ

＊ボールを追いかけるのではなく、ボールが追いかけてくる意識

感覚を身体にしみ込ませる

3 vs 1
自分たちは早く相手を遅く

メインテーマ:
基礎技術・判断

局面

攻撃

7m

7m

進め方・ルール

4人組になり、三角形の中で一人が鬼になる
3 vs 1のロンド

<様々な条件のつけ方>
①フリータッチ
相手に奪われない方法
（タイミング・パスコース・パス・
ドリブル・キープ）
②未来への重みづけ
• 過去へのパスをカットされたら
その選手はタメ1（2回取らないと交代できない状
態）から守備を始める
③2タッチ以上の連続無し
• ボールタッチの無駄をなくす
• プランを早く持つと楽になる
➡早さは楽につながる
＊止めて（2タッチ以上して）
　時間をリセットする選択も必要な場合もある
④15本のパス交換のうち2回だけ
フリータッチ可能
その他は2タッチ以上の連続タッチはなし

▶指導者から。or周りにボールを置いておいて
すぐにリスタートできるようにしておく
▶1セット3分～5分
※守備者がボールを取れない時は、守備者は1～
3分で交代など制限をつける
守備者が固定の場合は、守備者の強度が高くな
るため、5分も続かない。1.5分くらいが理想

ポイント・解説

①線をひく意識（出し手もその発想を忘れない）
• 人のスピードは決まる
ボールの移動時間は調整可
②未来に行きたいが未来しか行けない（選択肢が
1つしか持てない）と相手のスピードは上がる
➡未来にも過去にもいける、ボールの置き位置
➡考えないこともプランに
③相手がパスコースを遮断するほどテンポアップ
できるか
➡相手がパスコースを遮断する＝自分の足元が空
く
• 止める
＊時間をコントロールできる選手が上手い選手

3 vs 2 サポートなのか 背後なのか

メインテーマ：
基礎技術・判断の発展

局面

攻撃

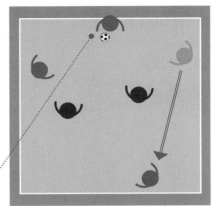

ボール保持者が安定している
※ボール保持者に対してプレッシャーがなく、かつ、ボールが落ち着いて周りが見えている状態

進め方・ルール

- 3 vs 2のロンド
- ボールを奪われたらその選手は守備の選手と交代する
- 攻撃は15本のパス交換を目標

<様々な条件のつけ方>

①フリータッチ
　相手に奪われない方法
　（タイミング・パスコース・パス・ドリブル・キープ）

②6本パスを繋がれると1ポイント。もしくは、間を通されると1ポイント

➡3ポイント取られるとペナルティ

- リスタート
　指導者から or 周りにボールを置いておいてすぐにリスタートできるようにしておく

- プレー時間　1セット3〜5分

- どうしても交代できない選手がいる場合ボールを奪った人から交代ではなく、守備者は交互に交代
　時間で守備者を交代する（2〜3分）

ポイント・解説

＊6本繋がれるのが嫌だ

➡ボールにアタック

➡矢印が出る（守備者同士の距離が広くなる）

➡背後（次のゾーンに侵入する）という判断を持ち合わせているか

①線をひく意識
　（出し手もその発想を忘れない）
　・人の移動スピードは決まる
　ボールの移動時間は調整可

②ボール保持者の状況でもらうゾーンを1の位置なのか、背後に侵入できるのか判断する

➡サポートの2人ともが、背後にいくとボールホルダーが狙われた時に失う可能性が高い

③相手がパスコース遮断したらドリブルも活用できるか（判断の変更）

④ゴールなど目標物がないため、この練習において、攻撃方向がないためパス1本でその局面が変わり、自分の役割も、未来or過去のパスコース作りなどすぐに変化する

1vs1＋1（2vs1）

メインテーマ：
攻撃の駆け引き

局面

攻撃

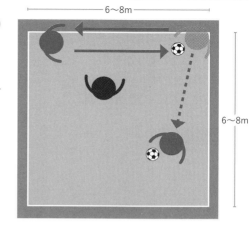

6〜8m

6〜8m

進め方・ルール	ポイント・解説

進め方・ルール

3人組になり、
①攻撃はパス交換をする
　➡守備は真っ直ぐ前を向き、ラインから一歩離れたポジションに立ちインターセプトを狙う

②攻撃はパスを出そうとしたときに、守備者がインターセプトをする動作を見た時、それをフェイントにしてドリブルで前進していく

● 攻撃者はパス6本（3往復）かドリブルで奥の辺をライン突破で攻撃の勝ち

● 守備者はインターセプトorドリブルで抜けていく選手をタッチしたら勝ち

▶1プレーごとに守備者を変更する
▶ボールは近くに置いておく

ポイント・解説

● 相手の状況から考えることができるか
● 見る、見られるの理屈
➡守備者は見られていると分かっていれば迂闊に矢印は出せない（インターセプトに行けない）、そうなると
● 守備者のスピードは落ちる
● 迷いからパスコースが遮断されにくい
● パスコースを遮断されたら、瞬時にドリブルに変更（判断の変更スピード）
● 頭で理解していても、ボールの置き位置が悪かったり、力んでいると実行不可能

※ボールの置き位置
パスもドリブルもできる場所

● ドリブルの場合、相手の逆を取れているかが大事

2 vs 0 ＋ 1 vs 2
（パスのもらう場所の理解つき）どこで受けるか
メインテーマ：
連動した攻撃・共通認識

局面

攻撃

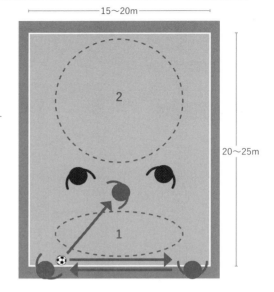

15〜20m

2

20〜25m

1

進め方・ルール

- 2 vs 0 の位置の選手がパス交換
- タイミングを共有し、受け手はパスを受ける
- 受け手にパスが入れば、最初にパスをしていた2人も中に参加して 3 vs 2 になる
- DFはインターセプトを積極的に狙う

ゴール設定:ライン突破

▶1プレーごとに役割を変更する
▶ボールは近くに置いておく

ポイント・解説

2のゾーンに侵入するために、1のゾーンを誰がどのように使うのか、それを相手の状況から考え、臨機応変に変更できるか

<受け手>
- いつ動くか、タイミングの共有
守備者もタイミングを理解している場合、
　先に守備者を動かしておくこと、どこから動くかが大切にある
- どこに動くか
→守備者は2人いる
- ギリギリで判断変えれるか
※2の場所も受け手は意識できるか
<出し手>
- パサーだけという発想にならない
→渡してまたもらう
→パスを出していない方の選手も次のプレーに移動する
▶▶未来に侵入していく意識
- 相手を感じて判断を変えれるか
→パスとドリブルの使い分け

４vs４＋２フリーマン
（１.２.３の位置の理解）　関わり続ける
メインテーマ:ポゼッション

局面

攻撃

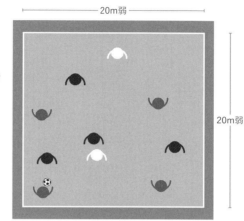

進め方・ルール

- パス20本連続でつないだら勝ち
- フリータッチ
- フリーマン２人
- プレー時間
  　１セット最大5分
- アウトプレー
指導者から配球
- 守備者はボールを奪う

守備のレベルが高い時：守備者は完全に奪う/コートから出た場合は相手ボール→切り替え要素が加わる（所謂サッカーのルール）

守備のレベルが低い時：守備者はボールを蹴り出しでも、次は守備者チームのボールからスタート>

ポイント・解説

- ボールと線を引けるポジション
- 未来に進めるアイディアをもって受ける
- ボールを渡した選手はもう１度関わる意識を持つ（過去になってあげる➡その先の未来となる）
- 安易に過去を使わない

2vs2＋2vs2＋2（サーバー）
メインテーマ：攻撃の技術・判断

局面

守備	攻撃
守備→攻撃	攻撃→守備

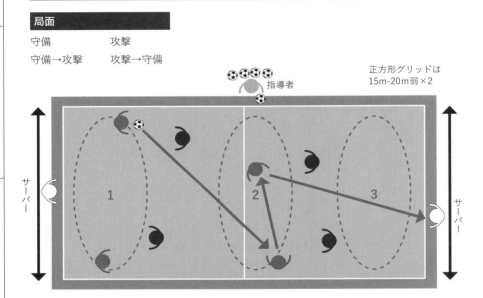

指導者

正方形グリッドは
15m-20m弱×2

サーバー　サーバー

1　2　3

進め方・ルール

- フリータッチ
- サーバー2人の間を2往復を目指す
- サーバーからサーバーへのパスは禁止
- 選手はもう一方のグリッドに侵入できない
- サーバーへのリターンパス可
- サーバーのボールにプレス可
- サーバーの移動は線上のみ
- 守備はボールを奪ったら攻守が変わる
- ボールは指導者から配給
- プレー時間　1セット3分〜7分

ポイント・解説

1、2、3のゾーンを誰が
どのように使うのか
（攻撃）

- ボールと自分の間に線を引けるポジションを取る
- 未来に進めるアイディアをもって受ける
- 渡した選手はもう1度関わる意識（過去になってあげる→その先の未来となる）
- 安易に過去を使わない
- ゾーンとレーンの考え方
- ドリブルの活用

（守備）
守備の思考順序を考える
　（サーバーはゴールという意識）

8人制サッカーのゲームに導くメニュー

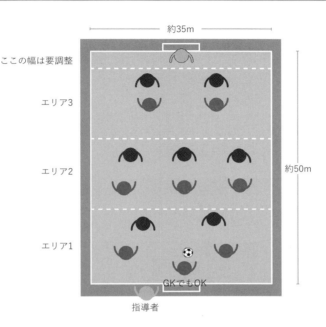

約35m

ここの幅は要調整

エリア3

エリア2

約50m

エリア1

GKでもOK

指導者

[ルール]

- 指導者から配球してスタート
- 1つ前のエリアには1人だけ進入できる
- 守備は戻れない
- コーナーキックはなく、指導者からリスタート
- 青チームが攻めて、黒チームのゴールラインを超えたら黒チームがゴールキックは行う。黒チームがビルドアップ
- 黒チームがボールを奪い、指導者のいるラインを突破したら攻守交代

[狙い]

縦に段差がありエリアが分けられたトレーニング

- 8人制は4人で幅を埋めることはほとんどない
  ↓
- スライドが間に合わない立ち位置

パスの質・トラップの質が求められる

[ポイント]

＊目的は次のエリア

（前方のエリアに進入すること）

↓

そのための方法（パス・ドリブルである）

＊最初の立ち位置

水の流れる場所（頭のフライング）

↓

パスの質・トラップの質はどうか？

＊未来から考えているか

　過去を作っているか

＊全体像で

「相手にしない」

「場所を変える」

「エリアを飛ばす」

ことを考えているか（鳥の眼）

1 日のトレーニング例（攻撃）

トレーニング作成に必要な情報

人　数：12 人想定（適宜調整）

レベル設定：○○

時　間：○○：○○〜○○：○○（120 分）

ピッチサイズ：フットサル〜少年用サッカーコート

判断を促すメニュー。つまり、相手がいる中で行うメニューを中心に組む。指導面ではプレーの合否ではなく、判断を自らしていたのか、またそれに至るまでの準備が行えていたのかを、指導者は見えるように、また促せるようになるといい。

グリッドの作り方

例：オーガナイズがやりやすくするため

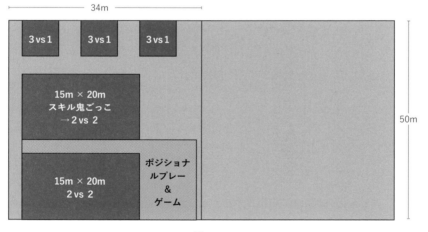

3 vs 1

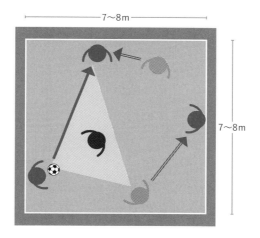

7〜8m

7〜8m

進め方・ルール	ポイント・解説

進め方・ルール

- フリータッチで行う3vs1のロンド
- 20本繋ぐと1点
- 守備は取ったら交代する
  （レベルによっては守備はボールに触れたら交代）
- プレー時間10分（4分+1分休憩×2セット）

●発展1
- 未来への1タッチパスは3本分

＜ポイント＞
優先順位（攻守ともに）を意識する
➡ボールを受ける前の準備（頭・ポジショニング）

●発展2
- 2タッチ以上の連続タッチはなし

＜ポイント＞
- タッチ数でいつスピードをコントロールするのか
  （ボール・相手によって変わる）

ポイント・解説

- パスコースを作る
  ボールと自分のラインを引く
  コントロールでボールをズラす
- 選択肢を持つ
  止める・止めない
  パスコースを2つある位置にボールを置く
- 相手がいる中（状況判断を伴う環境）で「止める・蹴る」がたくさん行えることで、頭のスピードと技術のスピードの向上を目的とする
- パスの質・コントロールの質
  （言語化・デモを見せられるとGood）
➡質の基準を伝える
- 未来から考える（ゾーンがないため、「人」の未来）
※図参照
※レベルやコンディション、理解度を見ながら、相手のいない状態での三角パスやムービングプレパレーション（動的ストレッチ）を挟む

スキル鬼ごっこ

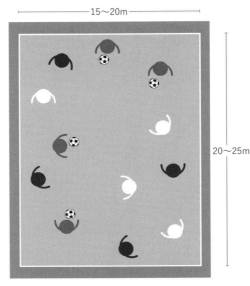

15〜20m

20〜25m

進め方・ルール

- ●3人組でジャンケンをし
  1番勝ち：ボール
  2番勝ち：ボールなし
  3番勝ち：ビブス（鬼）
  と3チーム作る
- ●鬼はボールを持っている人にタッチしたら交代
  最後にボールを持っていない人が負け
- ★ボールを欲しがる
  （ボールを持つ）という意識をどう作るか
- →「いつでも渡せる」基準作りが大切
- ※ここを指導者が理解すること！！
- ・プレー時間　15分
  3分プレー +1分休憩 × 4セット

ポイント・解説

「トレーニング1」からの発展
- ★人が増えた
- →いつどこで誰を相手にするのか（味方と相手）
- ★場所が広くなった
  前だけでなく後ろにもスペース
  「運ぶ」という判断も追加される
- ●ボールと常に繋がるようにする
- ・レベルによってピッチサイズを変更する
- ・ボールの数を変更する

サッカーとはどんなスポーツなのか

サッカーを分析し、用語を整理する

ゲームを分析する —鳥の眼—

プレーを分析する —虫の眼—

トレーニングを計画する

サッカーとはどんなスポーツなのか

サッカーを分析し、用語を整理する

ゲームを分析する —鳥の眼—

プレーを分析する —虫の眼—

トレーニングを計画する

トレーニング **3**

2 vs 2

12〜15m

18〜25m

進め方・ルール

青：下方向に攻撃

黒：守備＋上方向に攻撃

- ゴール：ラインをドリブルで突破
  どちらかのチームがゴール or ボールが
  出るまで続ける
- 3つの手段

（スルーパス・ドリブル・ワンツー）

▶相手の状況から考えているのか

▶状況の変化で、選択を変更できるか

- 待ち時間が長くならないように1グルー
  プには最大10人までにする
- プレー時間　15分

（途中コーチング含む）

次の人は外で待って、すぐに始め、連続し
て行う

ポイント・解説

★いつ、どの方法を選ぶことがいいのか
　指導者が理解する（答えを持つ）ことが
　大切!!

同時に守備にも働きかける

「トレーニング2」からの発展

★ゴール（攻撃方向）ができた

➡優先順位が生まれる

※ドリブル・パスは目的（相手の背後にい
　く）を達成するための「方法」である。

ポジショナルプレー

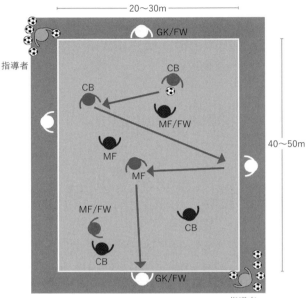

進め方・ルール

- 4 vs 4 + 4 フリーマン
- ボールポゼッションのトレーニング
- フリータッチ

- それぞれがポジションを意識しながらポゼッションを行う
  GK → FW を目的としながらボールを保持する
  FW に到着しても止まらず、方向を変えてポゼッションを繰り返す
- ※ゾーンの意識
- フリーマンはコートの外側のみ、縦と横のラインを自由に移動できる

- プレー時間　20 分（5 分 -2 分休憩× 3 セット＊全員がフリーマンを経験）
- 指導者からの配球はフリーマンの GK/ FW へ
  ビルドアップをイメージする

ポイント・解説

「トレーニング 3」からの発展
★人が増えた
→いつどこで誰を相手にするのか
★ 3 つの手段を選ぶ
★切り取る目
★ゴールがあるため、優先順位がある
★ゾーンが生まれたので未来と過去の意識
　「トレーニング 1」を思い出す

ゲーム

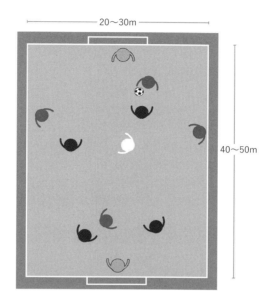

├─ 20〜30m ─┤

40〜50m

進め方・ルール

- 4 vs 4 + 1 フリーマン（GK あり）

- フリータッチ
- ゴールを決める
- プレー時間　20 分
  （10 分× 2 セット）

ポイント・解説

トレーニング総合
★総合したトレーニング

★本日行ったことの復習
　ただ勝ち負けではなく選手が理解できて
　いるのか、確認
☆過去 or 未来
☆ゾーン
☆相手を見て判断する
☆判断の変更
☆運ぶドリブル

１日のトレーニング例（守備）

トレーニング作成に必要な情報

人　　数：12 人想定（適宜調整）

レベル設定：○○

時　　間：○○：○○〜○○：○○（120 分）

ピッチサイズ：フットサル〜少年用サッカーコート

攻撃と同様に判断を養うことが大切。守備は受け身ではなく、常にいい準備、いいポジショニングが取れると攻める（アタック）ことができるということを促すメニューにすること。「ゴール」の存在によって、やられてはいけない基準が生まれ、そのための立ち位置やいつ、どこで、誰と戦うのか、または戦わないのか。ボールを簡単に渡さない（＝ボールを持つことでの守備）、ボールを持つのが楽しいというマインドを持つ。計画的にボールを奪うことに喜びを感じさせることができるか（ボール保持者の心理、持ち方、視野を見る）

グリッドの作り方

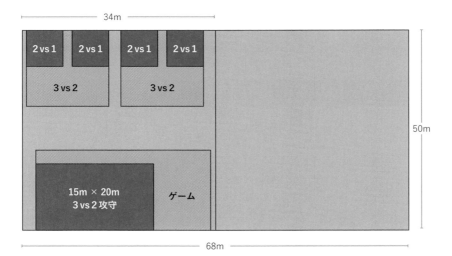

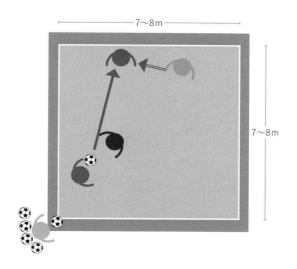

1 vs 2

7〜8m

7〜8m

進め方・ルール

- フリータッチ
- 時間15分

（1分〜3分×5セット程度）

- 2 vs 1（1 vs 1 vs 1）
- 守備はボールを取ったら、すぐに交代する
- グループを変えながら2 vs 1を行う
- ボールアウトしたら、配球は指導者から

ポイント・解説

＜守備＞

- 1 vs 1の状況であれば、アタック（攻める）する
→どう1 vs 1を作るか？（パスコースを切って捉まえる）
→うまい選手は1 vs 1を作れる（1人で複数を守る）

＜攻撃＞

- ボールを持つ（失わないこと）が、守備であるというマインド
→取って取られての繰り返しを学ぶのではなく、ボールを持って攻めることを楽しむ

2 vs 3 ①

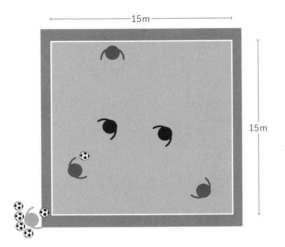

進め方・ルール	ポイント・解説

進め方・ルール

- フリータッチ
- プレー時間15分（2～3分×4セット程度）
- パスを10本か、2人の間を通されたら1ポイント
- 3ポイント取られたら負け
- ボールアウトしたら、配球は指導者から

ポイント・解説

- アタックする→相手に矢印を向ける→間が広がる→ 2ndDF が重要（コントロール）（コミュニケーション）
- →攻撃への働きかけも大切（間・背後を狙っているのか）

- 「トレーニング1」からの発展
- →攻める（アタックする）べきか、攻めない（間を閉じてステイ）すべきか

2 vs 3 ②

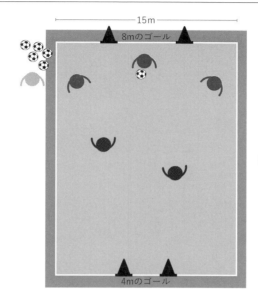

進め方・ルール

- 青は黒にボールを渡して、リターンをもらってスタート

- 1stDF のポジショニング
→ボールが動いた際、どちらがいくのか（チャレンジ & カバー）
→奪ったら2人で攻める
- ボールが外に出たら交代
- ボールがゴールに入る
→再度セットしてリターンからスタート

- プレー時間20分程度で交代
- ボールアウトしたら、配球は指導者から

ポイント・解説

☆攻撃への働きかけも忘れない。
　攻守のトランジションの局面の向上

「トレーニング2」からの発展
- ゴールがある→「守る」ものがある！
　①ゴールを決めさせない
　② 前進を防ぐ
　③ 攻める（アタックする）
という判断

ゴール前ということで1stDF のポジションの優先順位が必然的に決まる

うまくコミュニケーションをとって
① → ②→③へ持っていく

サッカーとはどんなスポーツなのか

サッカーを分析し、用語を整理する

ゲームを分析する ―鳥の眼―

プレーを分析する ―虫の眼―

トレーニングを計画する

トレーニング **4**

ゲーム

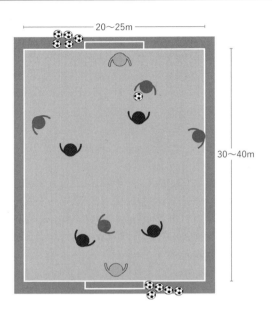

進め方・ルール

- 4 vs 4 （GKあり）
- フリータッチ
- プレー時間30分　10分×3セット
- アウトオブプレーの際、ボールを出して
  いないチームのGKからスタート
- ➡オーガナイズの確認
- ➡リスタートのスピード
- ボールアウトしたら、GKからリスタート

ポイント・解説

トレーニング総合

★総合したトレーニング

★本日行ったことの復習
ただの勝ち負けではなく、選手が理解でき
　ているかの確認
☆過去 or 未来
☆ゾーン
☆相手を見て判断する
☆判断の変更
☆運ぶドリブル

特別企画

8人制サッカー対談

FIFAインストラクター　　8人制サッカーの教科書　著者
小野剛 × 内藤清志

８人制サッカー対談

FIFA インストラクター

小野剛

×

８人制サッカーの教科書 著者

内藤清志

　本書の著者である内藤清志がこの本を出版するにあたり、「８人制サッカー」の導入に際して、発起人の一人でもある小野剛さん（FIFA インストラクター）にお話を伺った。サッカーをするのに、人数なんて関係ない。11 人だろうと、８人だろうと、ましてや４人であっても、サッカーのルールの元にプレーをすれば考え方は変わらない。それを再確認できたと内藤は笑みを浮かべた。その表情こそ、サッカーにもっとも必要な要素「楽しむ」そのものだった。

8人制上手を作りたいわけではない

内藤 僕自身、これまで子どもから大人まで様々なカテゴリーで指導をしてきました。その中で、プレーする選手の数には、大きな引っかかりを感じることはありませんでした。でも、今C級やD級の指導者インストラクターをさせていただく立場になってみてわかったのは、40代の指導者が多いためか（8人制サッカーを経験していない世代）、8と11という人数の違いに関する質問が多いことです。

　JFAのライセンスでは、8人制サッカーと11人制サッカーの違いや定義を深堀りはされていません。僕たちがサッカー少年だった頃の全日本少年サッカー大会（現在の名称は全日本U-12サッカー選手権大会：以下全少）は11人制でした。僕はそれがあくまで8人になっただけだと思っています。

　8人制サッカーを導入された頃のお話を小野剛さんに伺いしながら、僕の経験談であったり研究の話をしていきたいと思っています。まず、8人制を導入するきっかけは何だったのでしょうか？

小野 まず、そういう観点で本を書いてくれることが素晴らしい。こういう本が1冊でも増えることを非常に嬉しく思います。サッカーの指導者は、どうしても「サッカーは11人で」と考えてしまう方が多いでしょう。そこへの興味と情熱だけで子どもに接してしまう。そうではない部分もあるので、まずは「人数は関係ない」という観点を持ってもらいたい。そういった意味でも、この本には非常に期待しています。早速ですが、経緯の前に、「（8人と11人の）違いは何ですか？」という質問に対して、内藤さんはどうお答えしているか伺えますか？

内藤 僕は8人でも、11人でもサッカーをするということには変わらないと答えています。SSGsになることによって、1対1の攻防であったり、ゴール前のせめぎ合いであったりが増える。単純に一人ひとりがボールに関わる回数、プレーする回数も圧倒的に増えます。これがまずサッカーがうまくなるための1つ、大きなプラス要素だと思います。ただ、人数を減らしすぎると、「システム」という考えができなくなるため、3ラインの観点から考えると、7人、8人、9人ぐらいがベターだという思いはあります。このような働きかけをすることが多いです。

小野 そうですね。内藤さんがおっしゃられた1番最初の部分ですよね。（指導者は）サッカーをうまくしたいんだというところですよね。当時「サッカーは11人だろ。8人制でやってどうするんだ」「11人制になったときに戸惑うだろう」と言われました。でも、8人制サッカーの上手な子どもや、8人制サッカーの上手な指導者を作りたくて8人制を導入したわけではありません。あくまでも、サッカーの本質を理解し、より身につける。それを体で理解するために8人制を導入しました。そこを理解してもらうのは本当に苦労しました。サッカーは、自分がいて、ボールがあって、相手がいて、味方がいる。単純ですがこれを理解していると困らない。もし、11人制から8人制になってうまくプレーできないという選手がいたら、それはゲーム

の理解とか、個人的な戦術の理解度が低いことになります。それだとちょっと困りますよね。

　日本代表が世界に出られるようになったのが1995年。U－17日本代表とU－20日本代表が初めて両方、ワールドカップに出場することができた。それからちょっとずつユースのレベルで出られるようになって、ワールドカップでは1998年フランス大会に初出場します。そこで世界との差、一人ひとりの個人能力、パススピードの違いなど、いろいろな形で見せつけられました。やはり日本にいただけではわからないことが出てきて、そこからテクニカルレポートを蓄積していき、世界との差を分析しました。大会ごとに多少内容は異なりましたが、4つの課題は必ず、集合の輪（同じ課題）が重なり合うところがありました。

生きたゲームの中で身につけること

内藤　その4つの課題とは何ですか？

小野　「球際の攻防」「ゴールに向かうプレー」「ボックス近辺での攻防」「攻守にわたって、チャンスを感じる力／リスクを冒す勇気」といった言葉にまとめました。とくに「ボックス近辺のプレー」は、どの大会にも必ず出てくるんですよ。

　そこを改善したければ、シュート練習をもっとすればいいと思われがちですが、練習の根本というのは、やはりゲームの中で得るものです。10本のシュート練習よりも、1本のゲームの中で打つシュートのほうが重要です。パスやコントロールもそうでしょう。ボックス近辺のプレーを向上させるのも、もっと生きたゲームの中でシュートを打つ経験をしなければいけない。

　でも、過去に11人制で行われていた頃の全少では、半分以上の子どもたちがシュートを1本も打てずに家路につく。やはりこれじゃいけないだろうと。そこから海外の事例を調べるとともに、少年サッカーのプレーも徹底的にリサーチしていきました。海外のジュニア年代のサッカーは、当たり前のように少人数制でやっていることがわかりましたし、少人数制と11人制だと、プレー回数が圧倒的に違ってくるのも数字になって表れてきました。8人制にするとプレー回数が3倍ぐらい違う。

　特にヨーロッパだと「エントリー」といわれるボックス内の侵入、これも11人制になると3分の1程度になってしまいます。実際に生きたゲームの中で、サッカー本来の楽しさであったり、面白さを身につけていってほしい。そのようなところから少人数制サッカーを導入してあげたいと思うようになりました。きっかけはそこからですね。

内藤　ありがとうございます。確かに、プレー回数もシュート数も8人制になるとグッと増えますよね。（シュートを）どこからでも打てるので、1本も打てずに帰る子は減ると思います。少人数制でいえば、海外では7人制や9人制などで行われている地域もあると思いますが、「8人」という数字には大きな理由があったんですか？　その他の候補もあったのでしょうか？

小野　もちろん理由はありました。9人になると、かなり11人制に近いですね。ヨーロッパだと12歳まで9人制で行い、11人制の導入に使ったりする場合もあります。けれども、9人にしたからとはいえ、劇的にプレーの回数が増えるわけではありません。プレー回数やシュート回数を増やすとなると4人制とか5人制にすれば圧倒的に増えます。回数だけ見たら増えますが、先ほど内藤さんがおっしゃられたように、基本的にサッカーは11人制で行うものです。11人制になったときには、幅と厚みの中でプレーをするんですよ。そこからストライカー、ワイド、アウトサイド、中盤、最終ラインなど、自分の得意な場所を見つけるのも大切です。それらを含めて考えると、3ラインが構築される7か8人程度が1番のバランス良い落としどころでした。

なぜ7でも9でもなく「8」なのか

内藤　では7か8、その決め手となったのは要因は？

小野　これはメリット・デメリットがあると思うのですが、まず私自身はベルギーと我々の考え方（日本）は結構近いと思っているんです。7と8の違いを説明すると、最終ラインを余らせたくなかったんです。理由としては「or（オア）から＆（アンド）に変えたい」という意図がありました。これはサッカーすべてにおいて「orから＆に変えていく」ことによって進歩が出てくるんです。

　例えば全少を見ていると、ボールを潰しに行く選手と、後ろをカバーする選手に分かれていて、「or」のどっちかでプレーしていた。そうではなくて、前にボールを奪いに行きながら、カバーもする「＆」にしてほしい。人を最終ラインに余らせないようにするには、キーパーを入れて7対7だと、だいたい「2－3－1」です。8人にすると「2－3－2」とか、あるいはベルギーでやっているダブルダイヤモンド（①－②－①－②－①）。ダイヤモンド2つの真ん中の選手が重なるようなイメージです。そういう形で攻めの枚数と後ろの枚数が一緒になる。そうなると何が大きいかといったら、例えば最初にいった「＆」になると、1人がリスクを冒すと圧倒的に有利になる。リスクを冒してグッと前に出ていくと、そこで確実に数的優位、圧倒的にリスクを冒したときにインセンティブがもらえる。そのリスクを冒すことを奨励するためには、後ろの人数を余らせないでやっていきたい。そんなことを考えた中で、8人制がベストだろういうことになりました。決して7人制、9人制が悪いわけではありません。

内藤　今、すごくしっくりきました。JFAが「2－3－2」を推奨してる理由もぴったりはまりますね。僕自身も「7人にするとはまらないですよね」みたいな言い方を指導者の方にすることもあって……。今の小野さんの説明が、まさにそこに対する背景というか、「リスクを冒すとインセンティブがもらえる」。そこの判断と個人が行く役割にもなるし、カバーする役割も両方考えないといけない「＆」っていうことも、僕自身も聞いて今後に生かせる言葉でした。

小野　ありがとうございます。特に布啓一郎（元JFAユース育成ダイレクター）さんとは、ずいぶんいろんなリサーチをしながら議論しましたよ。

内藤　僕は今筑波大学にいるので、学生の修士論文をみるときに、小野さんの先行研究を引用させていただくことがあります。「全少が8人制になったからといって、小学生年代で11人制をしてはいけないわけではない」という話を結構引用している子が多くて。あくまでそこにはあるのは「サッカーのベースである」ということの理論の中で、そういうことも必要になってくる。というような持っていき方をよくしています。

小野　おっしゃるとおりです。例えば「今週11人制をやって、翌週8人制やったら困るだろ」と言われる指導者の方がいます。むしろ私は「いや、それがいいんじゃないですか」と言いたい。だから、FC今治では、中学1年生になっても夏のフェスティバルでは8人制に戻したりしていました。その経験が選手の刺激となって、いろいろなことを考え直せる。結局、仲間との連係やシステムの話なんだと。あいつがここにいるから、俺はここにポジションを取ろう。あいつがいるから、俺はリスクを冒して前に行こう、それが理解できれば11人制になっても問題ないどころか、さらにうまくプレーすることができるんです。

内藤　まずは個人の判断があって、そのグループが11人になるに従ってだんだん増えていくということですよね。

小野　はい、私もそう考えています。

選手個々のプレー機会を増やすこと

内藤　私の教え子に「4種から3種になるとき、どこに1番違いを感じたか」を修論で研究していた子がいました。ピッチサイズ、ボールサイズ、人数、ゴールサイズという違いがある中で、「ピッチサイズとゴールサイズ」に一番の違いを感じるそうです。チームレベルによって多少答えは変わるかもしれませんが、そこが8人制から11人制の変化で感じた部分だったそうです。ピッチはほぼ倍になりますからね。

小野　そうですね。倍になります。

内藤　そこを考えると、8人制では11人制の半分のフィールドで8人。半分のフィールド内に16人いると考えたら、かなり密な状態でプレーすることになり、インテンシティが高い状態がある程度保たれます。その中でオープンな技術の習得ということができます。守備でもがっつりいけるということもあります。これが広くなったら、その中で局面を作れるというところも影響してくるのかなと思います。

小野　まさにそうですね。本当ならその「ピッチサイズとゴールサイズ」は、徐々に変えたほうがいい部分ではあります。その点は、8人制にするときに反対意見が出た部分でもありました。あとは「なんでプレーできる子を減らすんだ」ですね。

内藤 確かによく言われますね。

小野 JFAは「みんなにプレーすることを薦めてたんじゃないんですか」というようなことなんですよね。でも、そうじゃないですよと。コートが一面あるとしましょう。それで11対11だと22人しか楽しめないんですよね。そのコートを半分にして8人制をやってみてください。16人と16人にしたら32人が一緒に楽しむことができるんですよ。だから、だいたい半分のサイズっていうのは、みんなを楽しませたいというところがありました。本当はまた中間ぐらいがあって、次（U-15）に行けるといいですけど、それだと今度は3分の2のピッチってなると非常にロスが出てしまいます。

内藤 そうなんですよね。人数が減ると「出られるメンバーが減るんじゃないのか」と。でも、2面とって倍になるって考えたら、プレー回数は増えますよね。

小野 ダノンネーションズカップとか、ヨーロッパのU－12代の大会を見に行くと、半面で8人制サッカーをどんどんやっていますから。だから、1面で百何十人がどんどん、どんどん試合していきます。「なんで人数減らすんだ」ではなくて、1度に倍の人数がみんなでサッカーを楽しめるようにしましょうというのが非常に大きな趣旨なんですよ。

内藤 サッカーを文化にすることを考えると、ソサイチのように大人でもそういうリーグみたいなのがあっても面白いですね。

小野 そのとおりですね。僕が技術委員長になったとき（2009年）に、「U-20ジャパンズエイト（8人制大会、20分ハーフ）」という大会を開催したことがありました。狙いはロンドンオリンピック世代の強化で、Jリーグの選手や大学生を80名近く集まりました。今でこそJリーグに入ったばかりの選手にでも、試合に出場する機会が増えてきましたが、当時はプロ1、

137

2年目の選手は出番が少なかった。そこでクラブから鍛えてほしいとエントリーしてくれた選手たちを御殿場に集め、ランダムで分けて8人のチームを作り、バンバン試合を重ねました。永井謙佑（現FC東京）や大塚翔平（ガンバ大阪※当時）、大前元紀（清水エスパルス※当時）といった選手たちも来てくれ、それをきっかけにポジションを得た選手も多かったですね。

内藤　なんとなく覚えてます。かなり高い強度でやれるし、その率が高まる分一人ひとりがボールに関わる回数が増えるっていうのは、大人がやっても理にかなってる感じですね。

小野　すごく鍛えられました。そこから多くの選手がリーグでも試合に出られるようになり、代表に入る選手も出てきました。子どもに向けてのスタートでしたが、結局8人制も11人制も同じなんです。深さがあって幅があって、ガンガンやり合う。先ほど言い忘れましたが、8人になると責任感も変わります。1人がサボると簡単にやられてしまいますから、みんながボールに関わらないといけない。プロ1、2年目の選手が8人制の試合をやっても、みんなヒーヒー言いながらプレーして、「いやーこれめっちゃ良かったですよ」と。そんなのことを、今ふと思い出しました。

内側に火を付けてあげる環境づくり

内藤　今の子どもたちの多くはたくさんの習い事をしています。主体性のところが教育の大きなテーマになってきてる部分だと思うので、その環境をいかに自発的に、子どもからすると、「教えられている」ではなく、「教わりたい、知りたい」となっていくといいのですが、小野さんはどうお考えですか？

小野　すごく大事なポイントです。例えば11対11のときに、逆サイドの選手はどうしてもサボってしまうとか。チームがボールを失っても攻守の切り替えができず、ぽつんと立って前に残ってサボってしまうとかはよくありますよね。11人もいると、なんとかなってしまうので。そういった選手に対して「もっとディフェンスしろ」と言う方法もありますが、指導者が怒鳴らなくても、「そうしないと（前からディフェンスしないと）勝てない」あるいは「そうしたほうが勝てるぞ」という環境を創ってあげるほうが大事だったりしますよね。ボールを奪ったら思い切って出て行ったほうがチャンスだなと、外からの声で無理やりやらせるのではなくて、内側に火を付けてあげられれば、自主的に指導者が求めているプレーをするようになります。そうなるように、環境を変えていくことも大切です。

内藤　そういった意味では、指導者の方もJFAでライセンスを取る。取りながらも、自分の中でのこだわるところがあっても面白いなというのはあります。形式、こだわり、子どもたちを育てる。その3本を平行していく難しさはあります。

小野　やっぱり1番大事なのは形式よりも、その中で子どもたちにどういうプレーをしてもらいたいか。どういう姿を私たち指導者が見たいかなので、その形式以上に、先ほど語った「心」

を伝道していくのはすごく大事なことです。こういった本をきっかけにして、8人制というゲーム形式とともに、どういう働きかけをして、それが子どもたちにとって素晴らしいものになるかどうか。どちらも大切です。

特質した個性を生かす選手の出現

内藤 8人制を導入された2011年から10年が経ちました。小野さん自身が感じる手応えや、変わってきた部分は何かありますか？

小野 2つの側面から話します。まずはU－12年代のサッカーについて。今年はコロナ過で全少は現地に行けませんでした。映像を見る限り、一人ひとりの判断する力とか、思い切ってリスクを冒していくプレーは、一昔前に比べると格段に変わりました。試合中にハーフウェーラインを1度も越さなかった子を発見したこともありましたから。それが今は、チーム全体で得点を奪いに行く姿勢を感じました。特にGKをうまく使いながら攻めるチームも増えました。しっかりフィードできるチームが圧倒的に有利になります。GKも常に足が動いている状態です。前に行って、下がってきて受けて。時に決定的なパスを送ったり、と。

　もう一つは8人制サッカーを経験した選手たちのその後について。高円宮記念JFA夢フィールドにいると森山佳郎監督（現U-17日本代表）のチームとか、影山雅永監督（現U-20日本代表）のチーム、そういうユース年代のチームが合宿を行っています。それを見ていると、特質を生かしたポジションの選手が出てきたことですね。先ほども話に出したGKで言えば、ビルドアップも正確にできる技術もありながら、しっかりとサイズがあって、シュートストップができる選手が出てきました。ストライカーのタイプも多様になりました。純粋なスピードタイプ、ちょっと下りてきてゲームをコントロールするのがうまいタイプ、前線で張れるタイプなど、自分の武器を生かしたストライカーの存在も目立ちはじめています。おそらく、練習だけでは特質を生かした選手は出てこないと思います。とにかく実戦、実戦、実戦のなかから、小さい選手であればどのようにかいくぐってボールを受けるかとか、スピードが速い選手であれば、スピードを試合の中でどう活かすかとか。(8人制のような)シュートチャンスが多いゲームの中で育ってきたんだと思います。今までのストライカーがいないなっていう時代からすると、すごく感じます。特に最前線、最後尾は。2つの側面から、私が思った以上の効果を感じています。

内藤 ピッチが狭いことで、サボれないではなく、ちょっと自分が動けば、ボールに関わることができる。この感覚がすごく大事ってことですよね。

小野 そうですね。8人制ではいい動きをしたら、かなりの確率でボールが出てくる。でも、11人制だったころは、20分ハーフの中でゴール前っていうのが2、3回しか出てこなかったゲームもありました。中盤でボールを取り合って、シュートチャンスっていうのはほとんどない中で試合が進む。今はちょっと動いて、いいパスが来て、いい動き1つあったら確実にシュート

チャンスまで行く。その中から、様々な選手が育ってきていると感じていますね。

ゲームを楽しみたいから練習をやる

内藤　子どもたちの環境の中で、週に1、2回ぐらいしか練習ができなくて、週末に試合があるか、練習があるかみたいな少年団がたくさんあります。そうしたチームがうまくなるためには何をするのがベストですか？

小野　やはり「Game is the Best Teacher」です。とにかく時間がなくて、やることが限られているのであれば、私はゲームだと思います。私はFIFAのグラスルーツのインストラクターもずっとやっていて、そのときいつも言っていたのが「Game is the Best Teacher」です。もしその日の時間に余裕があったら、ゲームの中で「何回シュート打っても入らなかった」となれば、「シュート練習をやろう」とか。「いいとこを見ているけどパスがいつもそれちゃうね」とか、「ボールが足元に止まらなかったね」、じゃあ「パスやコントロールの練習をやろう」とか。「ドリブルで1人抜いたらもっと楽しめるな」と。ゲームでもっとこれがうまくなりたいと思う課題が見つかれば、自分で練習するようになると思います。ただ、すべてのスタートはゲームで、ゲームが教えてくれた課題を練習する。「もっとゲームを楽しみたいから練習をやる」。この流れが理想ですね。これは指導者次第ですけど、1、2回と限られた時間の中だったら、基本はもうゲームが中心になるのが私は好きですね。

内藤　ゲームの中でいかに子どもたちがうまくなろうと求めるようになるか。ゲームで出た課題を子どもたちと一緒になって、「じゃあこれができなかったから、これやってみようか」み

たいになるのがいいんですね。

小野　はい。それで、もっと楽しみたい、もっとうまくなりたいと思ったら、週に1回しかトレーニングがなくたって、自分から空いてる時間に、家の壁にポンポンポンポンってパスの練習をしたりとか、おそらくそういった子が出てくるんじゃないでしょうか。

内藤　要素還元論的な練習ですね。そういった技術練習は回数が少ないのであれば、できなかったことを伝えてあげて、自宅でもできるように促してあげるとバランスが取れますね。

小野　そうですね。両方できればそれはベストでしょうけど、時間がなくて、パス練習だけで終わるくらいなら、ゲームだけでいいと思います。そこで、ちょっとだけ残って練習する子が出てきたりとか、ちょっと早く来てパスをやる子なんかもでてきたりしますよね。やはりゲームの中で、もっと楽しみたいから「僕はもっとトレーニングするんだ」というのが生まれるといいですよね。

内藤　僕も本書で同じテーマで書かせてもらいましたが、練習回数が少ないのであればとにかくゲーム。ゲームがメインでオーガナイズする。ゲームを工夫する中で出た現象に対して、子どもたちがどう感じるか。そこをヒントに自主練習できるようなきっかけをお土産じゃないけど、持って帰ってもらうのが大事かなと思います。

選手の出場機会創出を考える

内藤　試合のオーガナイズという点では、これまでの前半・後半に分けていた試合時間を、3つに分けた「3ピリオド制」というルールもジュニア年代にはあります。僕はたくさんの子どもが試合を経験できるという意味では必要かなと思います。「試合の登録メンバーをすべて出場させる」ルールなので、先ほども話しましたが、試合でしか経験できないことはたくさんあるので、環境設定を大人が作ってあげるっていうことでも、いいことですね。

小野　そうですよね。U－12年代は、早熟な子もいれば、これから体が出来上がる晩熟の子もいる年代です。つまり、まだ誰がここから伸びていくかわからないわけです。現段階でチームのエースであっても、そのままエースで居続けるかどうかはわかりません。目立たなかった子が、試合を経験してグングン伸びていく可能性もあります。

　だから誰にでもチャンスを与えてあげる。やはり誰もがゲームには参加したいですから。毎週土日になれば練習へ行くけど、ずっと外から見てるだけの子も中にはいます。そうした子の多くがサッカーを辞めてしまいます。実は辞めてしまった子の中にも大きな可能性があったかもしれないし、「誰にでも可能性を秘めているんだ」というメッセージから3ピリオド制は生まれました。本来であればルールによる縛りなんかなくても、指導者が「全員を使うのが当たり前だよ」となれば理想です。しかし、なかなかそこまでいかないんですね。ただ、3ピリオドには、チーム編成も駆け引きの一つで、指導者にとっても成長の機会があります。A、B

と均等に分けてて、最後に3本目はほとんどのチームがベストで来るんですよね。第1ピリオ
ド、第2ピリオドをどうするかを子どもたちで色々と話し合うのも楽しいですね。「じゃあ半々
で行こうか」とか、「あのチーム強いから、とにかく前半頑張ってそれで次に……」とかね。
自分たちで考えて。そうするとまた今までずっと出ていた選手も外からすごく応援したりして、
いろいろと子どもたち主体にやると面白い部分も出ますね。でも、大人が自分の欲を出しすぎ
ると、ちょっと趣旨と違うところも出てくるのは出てくるので。すべてがバラ色というルール
はないと思いますが、様々なレギュレーションの大会形式の中で良い面を引き出し、次世代に
つなげていきたいですね。

「Japan's way」 とは

内藤　小野さんは、日本サッカーの強みというのはどのように考えていますか？

小野　私が技術委員長をやっていた頃は、海外から来た指導者から「だから日本はダメなん
だよ」と、ことある度に言われていました。日本国内でも「日本人はサッカーに向いてない」
と言い出す人もいて。そんな時代でしたが「俺たちにはヨーロッパとか南米の人がほしくたっ
て持てないような素晴らしいところもあるはずだ。自分たちを勝手に卑下するのは止めよう。
俺たちには俺たちの武器があるんだ。それを持って立ち向かって行こうぜ」という想いで生ま
れた言葉が「Japan's way」です。例えば、私のFIFAの仲間など、日本人の持つ「瞬間的な
スピード」とか「多くの人が関わる賢さ」を非常に脅威だとよく話しています。ボールを持っ
た選手ともう1人、そこまでは多くの国とそれほど変わらないかもしれませんが、それから3
人目、4人目と関わるようになったときのコレクティブなクリエイティビティな部分は、すで
に世界中が日本人選手の特徴として捉えているんじゃないかなと私は感じています。そこに「献
身性」も加わって、対峙したときには恐れられていると思います。

内藤　僕も今小野さんがおっしゃられたように感じます。自分のうまくいく形であったり、集
団としてうまくいく形をある程度頭の中で出来上がったら、それを忠実にこなしていく力とい
うのはすごく高いと思いますね。そういった意味では、小さい頃から少人数でやることで、相
手との駆け引きを学ぶことであったり、狭いスペースで早い判断が求められる中でやる。その
質を上げていくということが大切です。

「主役は子どもたちである」

内藤　ジュニア年代を指導される方にとって、必要な考え方とか資質についてのお話もお伺
いしたいです。僕は、相手とどう駆け引きするか、そこにサッカーの面白さがあると考えてい
ます。つまり8人制11人制という捉え方ではなく、低い年齢なら、もっと少ない人数からスター

トして、人との関わり、味方であったり、相手がいることを学ぶこと。そこからポジションと
かゴールを意識して考えながらプレーができるようにしてあげられるといいと思います。年齢
を重ねるにつれ、少しずつ人数を増やしたり、ピッチを広くしたりして、複雑な要素をプラス
していくっていう方向性で考えていけるのが1番です。そこを指導者の方々がうまく共有して
いければいいかなと感じています。小野さんはいかがでしょうか?

小野　おっしゃる通り、8人制は10〜12歳ぐらい。その前、小学校中学年ぐらいまではや
はり4人制とかフットサルのような5人制がいいと思います。そうやって年齢段階で楽しませ
ていくのがすごく大事ですね。なぜ内藤さんがそういう感じで今パッと出たかっていったら、
「主役が子どもたち」ということだと思うんですよ。「11人制じゃないから」とか、「8人制で
勝たせる」とか、そういう話は主役が指導者(大人)になってしまいます。そうではなくて、
あくまでも主役は子どもたち。子どもたちがいかに楽しむか。やっぱりサッカーは楽しいから
やるのであって、指導者はどれだけ楽しませることができるかが一番の腕の見せ所だと思うん
です。パスだったら失敗するよりは絶対通ったほうが楽しいし、シュートだって外すより入っ
たほうが楽しい。ドリブルだって一人抜けたほうが楽しい。そうやって楽しむということを大
事にしてほしいなと思います。

内藤　でも、難しいのは勝敗が絡んできたときですよね。

小野　「楽しむ」というのは言葉では簡単ですが、実際はなかなか難しい。「勝敗」はスポー
ツには付き物ですから。「じゃあ勝敗じゃなくて楽しむことなんですね」というのも違う。勝
敗があるからスポーツであって、「Winner takes it all」というのは別に大人だけではなくて、
子どもにもあって、勝者が喜び、敗者は泣き崩れる。勝利を追求するのが本当の楽しさだと思
います。勝つためにいろんなことを頑張ってやっていくところに大きな楽しさがあるので、「勝
利」と「楽しさ」は別物にするのではなく、子どもたちが主役である限りは、それが延長上な
んですよね。ただ、主役が大人になっちゃうと、それが歪みになって「勝敗なんですか?」「楽
しさなんですか?」とか「育成なんですか?」それとも「結果なんですか?」という、矛盾が
出てきてしまいます。あくまで主役である子どもの活躍で楽しさをとことん追求すると、その
中でいろんなことが出てくるんじゃないかなと。私はそんなふうに思っています。

内藤　ジュニア年代の指導者にもサッカーを勉強したいと思っている志の高い「お父さんコー
チ」もたくさんいらっしゃると思いますが、そういった方たちがサッカーを勉強するには、ど
のようにするのが良いでしょうか?

小野　子どもたちと一緒になってやっていき、サッカーの楽しさを感じてほしいです。子ども
たちは、サッカーを学ぶだけではなく、人生に必要なことを楽しみながら学んで行くと思いま
す。それと同時に「サッカーの指導は面白いなぁ。ちょっと知るとすごく楽しいな」となるこ
とが大切なのではないでしょうか。子どもたちも楽しむし、指導者も楽しむ。この本を介して
そういうサッカー仲間が増えていってくれることを私は望んでいます。

内藤　ありがとうございます。僕は、本書を書いているようなことを子どもたちに教えるというだけではなく、やっぱりそこに対しての子どもたちに関わる方法も工夫してほしいと思っています。子どもたちの感じ方は、人それぞれ全然変わってきます。「北風と太陽」じゃないですけど、これを読んで、北風みたいに力技でコートを吹き飛ばそうとしたほうがいいのか、働きかけによっては熱くすることで脱がせるほうがいいのか。小野さんがおっしゃっていただいたように、子どもたちが楽しくなる、夢中になることが上達の1番のきっかけだと思うので、そうなったときに初めて、本書のような方法論をヒントにして、子どもたちに落ちていけば、より上達の手助けになると感じます。

　最後になりますが、今後の8人制サッカーであったり、日本のジュニアサッカーはどうなってほしいかなどを伺えますか？

小野　私は育成の全般をやっていますけど、私たちはできるのなら「絶対にワールドカップを取りたい」と常々話しています。そうなるためには、日本代表から子どものサッカーまで、本当に1つにつなげることが重要です。やはり子どもたちは宝なんですよ。ジュニア年代で「楽しいサッカー」がどれだけ展開ができるかによって、日本のサッカーの幅にも高さにもつながっていき、サッカー仲間が1つになって、この国がサッカーでより豊かになってしていくと信じています。その延長上に、ワールドカップがあるといいなと思っています。子どもたちみんなが秘めている素晴らしい才能をなんとか引き出して、私たちが育てなければいけません。そういうサッカー仲間がどんどん増えていってほしいです。

内藤　そうですね、ありがとうございます。小野さんのお話を聴いて、8人制の部分も含めすべてが腑に落ちました。自分の中で活かせるお話もたくさんありましたし、指導者の方にもためになるお話をいただき、本当にありがとうございました。

小野 剛　おの・たけし
1962年8月17日生まれ、千葉県出身

96年アトランタオリンピックではスカウティングを担当し、ブラジル戦の勝利に影ながら貢献。97年フランスワールドカップカップ出場を目指す日本代表岡田監督のもとでコーチに就任。ジョホールバルの勝利で初のワールドカップ出場を果たす。98年〜2001年にU－20日本代表コーチを務めた後、02年〜06年にかけてはサンフレッチェ広島を指揮。06年よりJFAの技術委員長に就任。10年南アフリカワールドカップまで務めた。12年には中国・杭州緑城のコーチ。14年からロアッソ熊本の監督。18年からは岡田武史氏がオーナーを務めるFC今治を指揮し、初のJ3リーグ昇格に導いた。FIFA/AFCインストラクターを務めながら、20年から再びJFA副技術委員長に復帰した

８人制サッカー用語集

❯ ゾーン

　ピッチを横に分割する考え方で、私は主に人と人（相手と相手）の間にできるスペースのことを指す時に使用する。相手守備組織を GK・DF・MF・FW で考えた時の呼び名で、FW より前のスペースをゾーン 1、FW と MF の間をゾーン 2、MF と DF の間をゾーン 3、DF と GK の間をゾーン 4 と表現する。トレーニングによっては 1 ライン、2 ラインで行ったりするが、この先の「ゾーン」にいかにして侵入するかということを目的とすることが大切で、パスが良いドリブルが良いというのはあくまで手段（方法）である。

❯ レーン

　ピッチを縦に分割する考え方。私自身は人にも場所にも使用する。例えば体勢優位の話をして身体が常にゴール向きでプレーしようとすると、真後ろからボールを受けることは非常に難しいので、味方と同じレーン（場所）に入るなと表現する、よくいう角度をつけろという話である。

　その点はまさにバルセロナやオランダ代表の 3 - 4 - 3 に見てとれる。また、位置的優位における、「相手の脇」という考え方も、相手（人）と違うレーンで受ける、違うレーンにポジションを取るという言葉を使って説明ができると考える。

❯ ライン

　人と人を結んでできる線（ライン）。システム上、同じポジションの選手との位置関係で頭の中でラインを引いてみる（FW のライン、MF のライン、DF のライン）と、ゾーンやエリアの話を目視しやすくなる。並ばず段差を作ると、カバーはできるがギャップが生じてしまい、並ぶとギャップはなくなるが、カバーは難しくなる。

❯ エリア

　単純に特定の場所（スペース）を指す時に使用する。多くの場合はピッチを横に分割する。3分割した場合はディフェンディングサード、ミドルサード、アタッキングサードと表現し、2分割の場合は敵陣、自陣と表現する。ゾーンと違うのは、場所で考えているため、人の動きによって変化することはない。例えば、密集するとゾーンは狭くなることが考えられるが、エリアは変わらず「ディフェンディングサードにたくさんの選手がいる」というような表現になる。

❯ 過去のパス

　私がよくトレーニングで使用する表現でパスを出してくれた選手にパスを出すこと。リターンパス。技術のスピード（止める・蹴る）が速く（早く）なると、すぐにボールが来る可能性があるのでボールから目をそらすことが難しくなる。

　サッカーは頭のスピード＝情報量の勝負とも言えるので、ボール以外のものを「観る」ことを習慣づけるため、「未来から考える」ようと促す。ただ、過去のパスが悪いわけではなく、熟練者は過去のパスも効果的に使い相手をスピードアップさせないようにしているというデータが出ている。

❯ 未来のパス

　パスを出してくれた選手以外の選手へのパスを指す。ボール以外のものを「観る」習慣づくりに使用することが多いが。サッカー（ピッチ）の全体像をイメージできるようになると、自分のいるゾーンよりもゴール側のゾーンを「場所の未来」と表現し、人だけでなく場所も未来にパスできるよう促していくと、事前に首を振ったり体の向きを工夫したりするようになる。

● 1を作る

　１タッチで出せるパスコースを作ってボールを受けることを指す。サッカーは頭（思考）のスピードの戦いであることを伝えるときに使用することが多い。

　自己組織化（そうすることが自然になる状態）されてくると、トレーニングに攻撃方向をつけた状態で、どこに対しての１なのかでサッカーの展開の早さも意識させる。

　ただし大切なのは、１を持っているから１をやらないといけないのではなく、そこから相手の状況を把握して変更できるかどうかである。

● 相手の矢印

　相手の移動方向（ベクトル）を矢印という言葉を使って表現する。守備は基本ボールに向かって矢印を出したい（攻めたい）ので、ボールが一箇所に止まっていたり、ボールの方向が一方向だったり、パスの移動時間がかかりすぎると相手の矢印は大きくなる。

　しかし、考え方によっては大きな矢印は方向転換が難しくなるので、相手に大きな矢印を出させることは、攻撃の糸口になるともいえる。サッカーは表裏一体で、相手のプレッシャーを受けたと捉えるか、相手に矢印を出させたと考えるかで局面の「見え方」が全く変わってしまうのである。

　「攻める」重要性はこうしたところにも垣間見え、同時に指導者が指摘しすぎて子どもたちを不安にさせたら、失敗しない（ボールを失わない・背後を取られない）ことを先に考え、攻めることをしなくなるだろう。大切なのは選手が自分を信じること＝自信だと考える。もちろんそれには、こうすればうまくいくというという認識（手段）とそれを実行できるだけの技術が必要であることは言うまでもない。

◆ 1の位置・2の位置・3の位置

　相手が2ライン以上あるときに、ボールを安定させるためのポジション
バランスを調整するときに使用する言葉。1の位置は、ボール保持者と同
ゾーンのサポート。できれば左右に素早く取りたい。次のゾーンに侵入し
ていけない場合、ボールの位置を変え、ビルドアップの際の出発点を変更
するようなイメージ。

　2の位置は、相手のライン間。そこにボールをつけることで複数の相手
守備者が内側（ボール方向）に矢印を向ける。結果として外側に矢印の向
かっていない時間（フリー）が出現する。3の位置は、ピッチを1番外側
から眺める選手。一番外側に立つことによってどんなボールでも相手を見
ながらプレーできる。休憩場所にもなり、相手守備者の「守備のインテン
シティ」を下げる役割も担っている。

　大切なのは、ボールの位置が変わると役割が変わることと、ボール付近
からポジションが決まっていくということ。つまり1→2→3となる。

◆ 頭のフライング

　ポジション取り（立ち位置）や、身体の向きが重要であるということを
伝えるときに使用する。ボールによるとサッカーが早くなりそうだが、そ
れは単純にガチャガチャするだけで、目的＝前方に侵入することや、前方
の選手とサッカーをすることを意識していればパスコースを作って受けた
り前方の状況がわかる身体の向きで受けたりするようになる。ボールを受
けてからスタートという意味ではなく、受ける前からサッカーは始まって
いるという意味合いで頭でフライングしてと表現することがある。

❯ お腹・背中・オープン・クローズ

　相手を個人として見たときに、自陣ゴール側を「お腹側」、敵陣ゴール側を「背中側」と表現する。攻撃の目的はゴールを奪うこと、それは相手の背中側を取り続けた先にあり、パスでもドリブルでも問題はない。背中側に侵入する手段は、スルーパス・ドリブル・ワンツーが存在する。

　そのような個人・グループ間の攻略の話をするときに2vs 2の話をするが（詳しくは4章で）、パスの受け手が、お腹側のサポートをした際、自分のマークよりもボール保持者側のレーンを取ることを「クローズ」、マークよりも離れたレーンを取ることを「オープン」と表現します。

　大切なのは、集団の中にイメージしやすい共通語を作っているのだという意識と、共通理解があるから早くなる＝自己組織化を促しているだけでそこから状況に応じて自分で判断していくことが大切であるということである。

　型があるから型破りという概念が存在するわけで、それがないならそれは型破りとは言わず「デタラメ」となるだろう。指導者の言葉（型）を理解した上で、目的を遂行するためであるならば、積極的に型破りを促す寛容さが求められているように感じる今日である。

8人制サッカー
ライセンス概要

JMF JAPAN MINIFOOTBALL FEDERATION

JFAグラスルーツ推進・賛同パートナー

日本のサッカーを変えるのは、ジュニア指導者だ。

日本ミニフットボール協会公認

８人制サッカー指導者資格プログラム

日本ミニフットボール協会公認の８人制サッカー指導者プログラム
（Ｂ級／２級資格プログラム）がいよいよスタート！

くわしくはこちらから

ジュニアサッカー指導の
スペシャリストを
育てるためのライセンス

日本サッカー界がなかなか実現できなかったこのテーマに日本ミニフットボール協会（JFM）が真正面から取り組み導き出した一つの答え、それがこの8人制サッカー指導者資格及び、そのプログラムである。
サッカーの原理原則から戦術的思考、分析を養い、現状の8人制サッカーの課題を解決していける指導者育成を目的としている。
身につけた知識と思考をすぐに自チームに役立てることを目指しプログラムは組まれている。

日本人の、日本人による、日本人のためのプログラムであり、実践的でかつ、スモールサイドフットボールの重要性を詰め込んだものになる。

・8人制の指導方法を学びたい
・気軽にサッカー指導者資格を取得したい
・サッカーの本質・原理原則を学びたい
・イニエスタのような賢い選手を育てたい

そんな方々におすすめ。このプログラムで多くの悩みを解決できる！

あとがき

　この数年、育成や子どもの運動スポーツ問題への関心は、急激に高まっています。書店には数多くの書籍が並び、インターネットで検索すれば、世界中の数多くのトレーニングメニューに触れることもできます。本当に便利な世の中になったと感じます。

　しかし、数多くの情報があり過ぎて、情報過多になっている部分も感じます。本書は、そんな悩みを少しでも解決できるよう「サッカーの本質＝多くのものの中でも変わらない不変のもの」を自分なりにまとめました。8人制も11人制もまずはサッカーであるということを前提に、8人制の特徴や、試合の際の着眼点などを述べています。

　また、便利になるということは、生物的には「楽をする（楽ができるようになる）」ということです。交通インフラの整備やオンライン化が進み、子どもたちの日常の活動量は減り、「3間」と呼ばれる「時間・空間・仲間」の存在はますます減少傾向にあります。サッカーにおいても「習い事、基礎体力向上」の一つの手段として捉えているご家庭も少なくないかもしれません。そんな子ども達に関わっている指導者の方が、本書の内容が少しでも指導の手助けとなり、結果として子どもたちにサッカーの魅力が伝わって、もっともっとサッカーをやりたいとなれば、こんなに嬉しいことはありません。あくまで主役は選手たちということを、我々指導者は忘れてはいけません。

　また、サッカーのトレンドと呼ばれるものも、数年のサイクルで様変わりしていきます。ダーウィンの、「生き残る種とは、最も強いものではない。最も知的なものでもない。それは、変化に最もよく適応したものである」という名言にもあるとおり、我々指導者も、変化していくサッカー、変化していく子どもたちを取り巻く環境を敏感にキャッチしながらブラッシュアップしていかなければなりません。今回は私が書籍を書かせていただきましたが、私自身もまだまだ学び続けたいと思っています。皆さんとともに、選手たちにより良い環境を作っていきましょう。

　最後になりますが、この書籍化の構想が持ち上がった時から、ずっと対話を繰り返しながら新たな提案を加えてくださった日本ミニフットボール協会の櫛山さん、今回の出版にあたってご尽力をいただきました株式会社カンゼンの高橋さん、ポリバレント株式会社の松岡さんには感謝の念が絶えません。

内藤清志

　一般社団法人日本ミニフットボール協会（以下：JMF）は、世界140以上の国が加盟する世界ミニフットボール連盟（以下：WMF）に認可された団体です。過去には大学サッカー部とMWF主催のW杯に参加したり、ジュニアチームとドイツの大会へ参加したり協会として行ってきました。

　世界との差は、"球際"や"インテンシティ"という言葉で片付けられてしまいます。それでも日本サッカーは8人制を導入して10年が経ち、選手のレベルは確実に上がってきています。この8人制の導入によって、技術的に優れた選手が増えたことは間違いありません。そして、フルコート1つに32名もの選手がプレーでき、プレー時間の確保もこういった観点からできるようになったと思っています。狙いである"球際"の局面も増えてはいますが、実際のところ本書でも述べている、攻める守備と、飛び込む守備の線引きがまだまだ出来ていないと感じています。選手のボール操作が上手なのか、守備が下手なのか、球際の向上にはまだまだ試行錯誤が必要でしょう。

　8人制導入から10年間が経ち、8人制しか教えたことがないという指導者が増えてきました。そこで、多くの指導者のヒアリングのもと、この8人制資格プログラムのスタートを決意しました。本書で特に著者の内藤さんに拘ってもらったのは、全体から詳細へのアプローチするという部分です。どうしても、パスやドリブルなどの詳細だけに目が行きがちです。また本来の講習の形式は、数学でいう、足し算・引き算から始め、掛け算・割り算、そして因数分解へと発展するところを、本協会では、因数分解から逆算するイメージを取っています。

　よく、木を見て森を見ずと言いますが、スクールの発展と共に選手たちは木を見る選手が増えました。そして同時に森をみる力が圧倒的に減ったと思います。つまり認知の力です。そこで、良い選手とはどういう選手なのか、と改めて考えていただきたいです。ドリブラーは上手いです。それでもいい選手ではないかもしれません。そこで本書では、良い選手を早い（速い）選手と説いています。武器があってもその使い道が分からなければ、諸刃の剣にもなります。また武器が弱くても、適した場所で使えば何倍にも効果が出ます。森を知ってこそ、その一本の木が大事になる。この全体を俯瞰して選手にアプローチする感覚を持っていただきたく、全体から詳細へという独自の形をとっています。

　すべてのトレーニングは、木でも森でもあります。木のトレーニングであれば森・最終状態をイメージしてください。8人制のうちに、サッカーの楽しさと、11人制に繋がるサッカーの本質を伝えていただける育成のプロフェッショナルがここから誕生することを楽しみにしています。

　　　　　　　　　　　　　　　　　　　一般社団法人日本ミニフットボール協会

　　　　　　　　　　　　　　　　　　　代表理事：櫛山匠

著者

内藤 清志
（ないとう・きよし）

1983年6月15日生まれ。広島県出身。筑波大学サッカーコーチング論研究室所属。2008年から2012年まで筑波大学蹴球部トップチームのヘッドコーチを務める。2010年からは同部トップチームの指揮を執りながら、サッカースクールやジュニアユースチームの指導を経験。現在は筑波大学の『サッカーコーチング論研究室』の研究活動の他にサッカーの強化・育成・普及活動を行っている

監修

一般社団法人日本ミニフットボール協会 （Japan Minifootball Federation）
代表理事：櫛山 匠
（くしやま・たくみ）

日本でのミニフットボール普及を目的に世界ミニフットボール協会の認可を受け、2019年に設立された。隔年行われるミニフットボールワールドカップ等の世界大会日本予選を各カテゴリーで実施している。2021年よりミニフットボールの指導者育成の強化を図るべく、8人制サッカー指導者資格プログラムをスタートした

ジュニアサッカー
プレーヤータイプ別診断
トレーニング

【著者】シュタルフ悠紀

四六判／ 160 ページ

自分のタイプを知り、目標を設定し、夢を
叶えるために必要な練習を自分で考えるこ
とができるようになる。自律心と想像力を
養うサッカーノート

サッカー
プレーモデルの教科書
個を育て、チームを強くする
フレームワークの作り方

【著者】濵吉正則

A5判／ 224 ページ

近年サッカー界で話題の「プレーモデル」
の概念を、グラスルーツの指導者にもわか
るように解説された、プレーモデルを理解
するための教科書

GKコーチ原本 "先手を取る GKマインド"の育て方

【著者】澤村公康
四六判／352 ページ

全カテゴリーのGKを指導してきた日本屈指のGKコーチ澤村公康による、これまでになかった「GKコーチのための原本」

ポジショナルフットボール実践論　すべては「相手を困らせる立ち位置」を取ることから始まる

【著者】渡邉晋
四六判／256 ページ

ベガルタ仙台に「クレバーフットボール」を落とし込んだ渡邉晋。「知将」の戦術指導ノウハウをあますところなく公開する

枝D ボールも自由も奪い取る術

【著者】内田淳二
四六判／ 272 ページ

枝D（枝ディフェンス）とは…。自分の体を"木"に見立てた相手の自由を奪ってボールを「残す」球際の型。これまでになかった守備の概念を理解するための入門本

ジョアン・ミレッ　世界レベルのGK講座

【監修】ジョアン・ミレッ　【著者】倉本和昌
A5判／ 160 ページ

元FC東京トップチームGKコーチ ジョアン・ミレッが体系的にまとまったGK育成メソッドを大公開

世界王者ドイツの育成メソッドに学ぶ
サッカー年代別トレーニングの教科書

【著者】中野吉之伴
A5判／ 272 ページ

育成年代の改革に成功したドイツに学べ！　グラスルーツから強くなる世界最先端の選手育成法とは

マンガでたのしく学ぶ！ ジュニアサッカー
世界一わかりやすいポジションの授業

【著者】西部謙司　【漫画】戸田邦和
A5判／ 256 ページ

構成：松岡健三郎
カバー・本文デザイン・DTP：松浦竜矢
イラスト：SEIYA
編集協力：長田悠助、稲葉美和
編集：高橋大地（株式会社カンゼン）

8人制サッカーの教科書

発行日　2021年5月13日　初版
　　　　2024年3月25日　第4刷　発行

著　者　内藤 清志
監　修　一般社団法人日本ミニフットボール協会

発行人　坪井 義哉
発行所　株式会社カンゼン
　　　　〒101-0021 東京都千代田区外神田2-7-1 開花ビル
　　　　TEL 03（5295）7723
　　　　FAX 03（5295）7725
　　　　https://www.kanzen.jp/
　　　　郵便為替 00150-7-130339

印刷・製本　株式会社シナノ

ISBN 978-4-86255-595-3

Printed in Japan

定価はカバーに表示してあります。
ご意見、ご感想に関しましては、kanso@kanzen.jp まで E メールにてお寄せ下さい。
お待ちしております。